VERA ROTHENBERG

Neun ereignisreiche Monate

ORIGINALAUSGABE

WILHELM HEYNE VERLAG
MÜNCHEN

HEYNE RATGEBER
08/5173

Besuchen Sie uns im Internet:
http://www.heyne.de

Umwelthinweis:
Dieses Buch wurde auf chlor- und
säurefreiem Papier gedruckt

Copyright © 1998 by Wilhelm Heyne Verlag
GmbH & Co. KG, München
Printed in Germany 1998
Redaktionelle Mitarbeit: Seibold Medien
Lektorat: Susanne Backmund
Umschlaggestaltung: Atelier Adolf Bachmann, Reischach
Umschlagabbildung: Stock Image/Bavaria Bildagentur, Gauting
Satz: Seibold Medien, Winnenden
Druck und Bindung: Ebner, Ulm

ISBN 3-453-13266-1

Schwanger – was nun?

Gleichgültig, ob Sie ungewollt schwanger wurden oder sich in letzter Zeit bereits stark nach einem Kind sehnten: Sobald Sie erst einmal wissen, daß Sie in »anderen Umständen« sind, werden Sie immer wieder Fragen, vielleicht auch Ängste beschäftigen. Wie soll ich mit der Schwangerschaft umgehen? Wie wird dieser neue Lebensabschnitt meinen Alltag verändern? Welche Untersuchungen muß ich einhalten? Werde ich bei der Geburt starke Schmerzen aushalten müssen?

Auf diese und weitere Fragen soll Ihnen dieses Buch verständliche Antworten geben. Und eine Angst kann ich Ihnen gleich an dieser Stelle nehmen: Ja – Sie werden den Anforderungen von Schwangerschaft und Geburt gewachsen sein, so wie schon Millionen Frauen vor Ihnen. Halten Sie sich das stets vor Augen – und freuen Sie sich auf jeden Tag der Schwangerschaft, anstatt ihn zu fürchten. Und sollten Sie sich über irgend etwas im Zusammenhang mit dem Heranwachsen Ihres ungeborenen Kindes nicht im klaren sein: Machen Sie sich nicht unnötige Sorgen – fragen Sie Ihren Frauenarzt und lassen sich von ihm alles erklären.

Übrigens: Wenn Sie durch einen Schwangerschaftstest oder durch eine Untersuchung Ihres Arztes feststellen, daß Sie ein Kind erwarten, liegt die Befruchtung der Eizelle gewöhnlich bereits vier oder mehr Wochen zurück. Also waren Sie längst schwanger, bevor Sie sich Sorgen machten – und sind nicht die ersten Wochen schon einmal prima gelaufen?

Natürlich bringt die Schwangerschaft einige Veränderungen für Ihren Alltag mit sich – Veränderungen, die in diesem Buch nach

Themen gegliedert beschrieben werden. Grundsätzlich gilt: Leben Sie in den kommenden Monaten so gesund, wie Sie es eigentlich vorher schon hätten tun sollen. Ernähren Sie sich sinnvoll und ausgewogen. Halten Sie sich fit, ohne Ihren Körper extremen Belastungen auszusetzen. Verzichten Sie auf Medikamente, die Ihnen Ihr Frauenarzt nicht ausdrücklich verschreibt – und scheuen Sie sich nicht, ihn auch nach dem Sinn und Zweck jeder seiner Empfehlungen zu fragen.

 Ein guter Frauenarzt kennt den Wert einer gründlichen Aufklärung und wird Ihnen gerne alles Wissenswerte sagen.

Unterschätzen Sie nicht die psychischen Auswirkungen der Schwangerschaft, und vergessen Sie nicht: Stimmungsschwankungen können nun stärker ausfallen als vor der Empfängnis.

Schonen Sie sich: Tragen Sie keine schweren Gegenstände, vermeiden Sie Streß. Sollte durch den Familienzuwachs ein Umzug notwendig werden, kann auch Ihr Partner die Abwicklung übernehmen.

Wenn Sie berufstätig sind und Ihr Job bisher für reichlich Aufregung und nervliche Anspannung sorgte, sollten Sie eventuell auch hier ein bißchen kürzer treten. Das bedeutet nicht, daß Sie nun in Selbstmitleid versinken und allenfalls Dienst nach Vorschrift schieben – tun Sie das, wobei Sie sich wohl fühlen. Aber eine Präsentation am Abend eines aufreibenden Zwölf-Stunden-Tages sollte nun vielleicht ohne Sie stattfinden. Und ganz im Ernst: Falls Ihr Chef dafür kein Verständnis hat, sollten Sie sehr genau abwägen, wer Ihnen in Zukunft lieber und wichtiger sein wird – ein nörgeliger Vorgesetzter oder ein glückliches Kind.

Besonderes Augenmerk sollten Sie auf Ihren Partner richten. Oft sind werdende Väter während der Schwangerschaft in einer etwas zwiespältigen Situation: Auf der einen Seite freuen sie sich natürlich mit der Partnerin auf das gemeinsame Kind – andererseits haben sie möglicherweise allerlei Ängste, Fragen und Zweifel, die durch weit verbreitete Klischees vom Alltag in der Schwangerschaft genährt werden. Hier sind einige dieser Ängste – und Möglichkeiten, sie wie Seifenblasen platzen zu lassen:

Meine Partnerin hat nur noch das Kind im Kopf

Natürlich ist die Schwangerschaft und das in Ihnen wachsende Kind in den nächsten Monaten das Thema, das Sie am meisten interessiert. Und natürlich dürfen Sie erwarten, daß Ihr Partner Ihre Begeisterung teilt. Allerdings hört mit dem Beginn Ihrer Schwangerschaft die Welt um Sie herum nicht auf, sich zu drehen. Ihr Partner wird weiterhin Erfolge oder Probleme in seinem Beruf haben. Er wird sich weiterhin für Fußball interessieren oder sich darüber aufregen, daß ihm der Nachbar die Garageneinfahrt zugeparkt hat.

Wenn Sie nun jede Erzählung aus dem Büro oder vom Sportplatz mit »Fühl doch mal, das Kleine!« beantworten, sollten Sie sich nicht wundern, wenn Ihr Partner genervt die Augen verdreht. Interessieren Sie sich für die Welt um Sie herum – es wird Ihnen ebenfalls guttun. Oder würde es Ihnen gefallen, von Ihren Mitmenschen nun plötzlich nicht mehr als Frau oder Kollegin anerkannt, sondern nur noch als Gebär-Mutter gesehen zu werden?

... es ist doch auch mein Kind!

Vereinnahmen Sie Ihre Schwangerschaft nicht völlig für sich. Ihr Partner ist in der unangenehmen Situation, daß er viele Phasen der Entwicklung Ihres ungeborenen Kindes nur aus zweiter Hand erleben kann. Erzählen Sie ihm von Erlebnissen, die Sie mit dem Baby hatten. Lassen Sie ihn das Kind fühlen. Ermutigen Sie ihn, mit dem Kleinen zu reden oder Ihren Bauch anzufassen. Eine gemeinsam erlebte Schwangerschaft wird Ihnen auch eine gemeinsame Freude daran bescheren.

... und mit Sex ist erst mal Schluß!

Mit diesem Klischee können Sie sehr lustvoll aufräumen. Nachdem Sie Ihren Partner über die Gefahrlosigkeit von Sex in der Schwangerschaft aufgeklärt haben – damit seine Ängstlichkeit nicht den ganzen Spaß verdirbt –, wird er vielleicht sogar sein blaues Wunder erleben (*siehe Seite 227 f.*).

Befolgen Sie diese Tips, dürfte einer gemeinsam genossenen Schwangerschaft eigentlich nichts mehr im Wege stehen. Viel Freude für die nächsten Monate!

Das Leben mit dem werdenden Leben

Die Phasen der Schwangerschaft

Wenn Ihr Frauenarzt Ihre Schwangerschaft feststellt, könnte Sie gleich das erste Gespräch ein wenig verwirren. Denn während allgemein stets von neun Monaten Schwangerschaft die Rede ist, wird Ihr Arzt wahrscheinlich von 40 Wochen, also etwa zehn Monaten, reden. Keine Sorge: Mit Ihnen und Ihrem Kind ist natürlich alles in bester Ordnung! Doch der medizinische Beginn der Schwangerschaft wird gemeinhin auf den ersten Tag der letzten Periode vor der Empfängnis festgesetzt – auf einen Zeitpunkt, an dem Sie sich garantiert noch nicht schwanger fühlten ... Außerhalb der Arztpraxen ist deshalb von etwa neun Monaten die Rede, weil davon ausgegangen wird, daß Sie vom Zeitpunkt der Empfängnis an schwanger sind – also etwa zwei Wochen später.

Für unseren Schwangerschaftskalender gehen wir von der Definition Ihres Frauenarztes aus, denn aufgrund dieser Definition werden auch im Mutterpaß oder auf den Ultraschallbildern die Schwangerschaftswochen genannt.

Der erste Monat

Die Anzeichen für die Schwangerschaft in den ersten vier Wochen nach der Empfängnis werden Sie wahrscheinlich nur aus der Erinnerung heraus als erste Lebenszeichen Ihres Kindes interpretieren können – denn wer denkt etwa zwei bis sechs Wochen nach der letzten Periode schon daran, schwanger zu sein? Wie oft ist es Ihnen schon passiert, daß sich die Periode um eine oder knapp zwei Wochen verspätet hat – und wie oft waren dann eine Grippe, Streß im Job oder eine Urlaubsreise der Grund für die Verzögerung? Mit den Jahren werden Sie in dieser Hinsicht immer mehr Erfahrungen sammeln.

Selbst wenn Sie bereits sehnsüchtig darauf warteten, schwanger zu werden, dürften Sie in den ersten Wochen Mühe haben, die Symptome einer beginnenden Schwangerschaft mit Sicherheit zu erkennen. Wahrscheinlich fühlen Sie sich im wesentlichen wie in den letzten Tagen vor Beginn einer Periode – doch das wird Ihnen kaum ungewöhnlich vorkommen, da die Periode ja ohnehin fällig oder überfällig wäre. Manche Frauen bemerken, daß sie nun etwas häufiger als sonst Wasser lassen müssen. Möglicherweise beginnen auch schon in den ersten Wochen Ihre Brüste sehr leicht zu drücken oder in den Brustwarzen zu jucken. Die Brüste beginnen tatsächlich schon langsam schwerer zu werden – aber auch das nur in sehr geringem Maß. Nun werden allmählich auch die Venen direkt unter der Oberfläche der Brüste deutlicher sichtbar, und manche Frauen klagen bereits in diesem frühen Stadium über Übelkeit.

In Ihrem Inneren geht es – trotz der sehr schwachen Symptome nach außen hin – während dieser Phase schon drunter und drüber. Innerhalb von sieben Tagen nach der Befruchtung erreicht das Ei die Gebärmutterhöhle, nistet sich in die dortige Schleimhaut ein und löst die Ausschüttung von Signalstoffen aus, durch die Ihr Körper erfährt, daß Sie schwanger sind.

Diese Signale sind lebenswichtig für Ihr Kind. Denn ohne chemische »Ankündigung« würde Ihr Immunsystem den Embryo (so heißt Ihr Kind bis zur zwölften Woche der Schwangerschaft) als

Fremdkörper einstufen, vor dem Ihr Organismus möglichst schnell und gründlich geschützt werden muß – der »eingeweihte« Körper dagegen läßt den neuen Gast nicht nur wachsen und gedeihen, sondern stellt auch viele seiner Funktionen so um, daß der Embryo möglichst ideale Bedingungen vorfindet. Um den Embryo bildet sich ein schützender Kokon, aus dem sich bald sein Versorgungssystem zu entwickeln beginnt:

✘ Die Plazenta, im Deutschen passenderweise Mutterkuchen genannt, ist ein Organ, das im Lauf der Schwangerschaft auf ein Gewicht von etwa 500 Gramm anwächst. Mit Hilfe der Plazenta versorgt der Körper der Mutter den Embryo über die Nabelschnur mit lebenswichtigen Stoffen.

✘ Die Fruchtblase, auch Amnionsack genannt, umgibt den Embryo und das Fruchtwasser, in dem er schwimmt.

✘ Das Chorion ist eine zottig aussehende Hautschicht, die den Kokon des Embryos mit fingerähnlichen Ausbuchtungen (den Chorionzotten) an der Schleimhaut der Gebärmutter befestigt.

✘ Der Dottersack produziert Blutzellen, bis die Leber des Kindes diese Aufgabe übernehmen kann.

Schon im ersten Monat der Schwangerschaft entwickelt sich der Organismus des Kindes in einer frühen Form: Das Rückenmark wird etwa zwei Wochen nach der Empfängnis als dunkler Fleck auf dem Rücken des Embryos sichtbar, in der dritten Woche beginnen sich auch alle anderen lebenswichtigen Organe zu bilden – und bereits am Ende der dritten Woche beginnt das kleine Herz des Ungeborenen zu schlagen.

Faszinierend? Allerdings – vor allem, weil der Embryo zu diesem Zeitpunkt noch kaum vier Millimeter lang und nicht einmal ein Gramm »schwer« ist.

Der zweite Monat

Nun spüren Sie Ihre Schwangerschaft deutlicher. Ihre Brüste fühlen sich schwerer und weicher an. Ihr Stoffwechsel stellt sich allmählich in größerem Umfang auf den kleinen Gast ein – und beschert Ihnen damit auch einige Unannehmlichkeiten:

✗ Ihre Haut kann je nach Hauttyp trockener werden und zu jucken beginnen. Bereits vorhandene Hautunreinheiten können nun verstärkt auftreten.

✗ Ihre Kondition läßt nach. Sie ermüden schneller, haben möglicherweise gelegentlich Schwindelgefühle.

✗ In zunehmendem Maß wird in der Scheide eine wäßrige Substanz produziert. Dadurch und infolge der Abstoßung von Vaginalzellen vermehren sich die Scheidensekrete.

✗ Auch im zweiten Monat – nun vielleicht ein wenig verstärkt – ist eine morgendliche Übelkeit unter Schwangeren weit verbreitet. Die Stärke der Übelkeit kann sehr unterschiedlich ausfallen, Sorgen müssen Sie sich auch bei gelegentlichem Erbrechen nicht machen.

Eigentlich ist es kein Wunder, daß Sie sich nicht ganz auf der Höhe fühlen: In Ihrem Inneren geht die Entwicklung des neuen Lebens in unvermindertem Tempo weiter. Ihr Körper produziert nun deutlich mehr Blut als zuvor – unter anderem, um die nun viel stärkere Durchblutung von Vagina und Vulva sowie die Versorgung der Plazenta zu sichern. Auch der Bedarf an Kalorien und Proteinen ist nun höher.

Ihr Kind verdreifacht im Lauf des zweiten Monats sein Gewicht, der Körper wächst auf etwa das 30fache der bisherigen Länge. Auch sein Äußeres läßt nun schon erste menschliche Konturen erkennen. Unter der Gesichtshaut zeichnen sich die ersten »Entwürfe« der Gesichtsknochen ab, an denen sich auch bereits die ersten Gesichtsmuskeln zu bilden beginnen. Augen sind zu erkennen. Der Schwanz, der zunächst in der Verlängerung des Rückenmarks ausgebildet war, verkümmert. Während der Embryo in den ersten Wochen beinahe wie das Innere einer kleinen Krabbe wirkte, beginnt sich das »Würmchen« nun zu strecken. Hände und Beine sind zu erkennen, daran entstehen bereits die Zehen und die Finger. Und das Schlagen des Herzens – in dieser Phase rast es geradezu mit bis zu 150 Schlägen pro Minute – wird im Ultraschall sichtbar.

Schon jetzt bildet der Embryo übrigens erste Reflexe aus, mit denen er auf Berührungen reagieren kann. Außerdem sind bereits alle Organe vorhanden. Etwa in der siebten Lebenswoche können mittels Ultraschall die ersten Bewegungen Ihres Kindes beobachtet werden.

Der dritte Monat

Nun hat sich Ihr Körper einigermaßen auf die veränderte Situation eingestellt. Der Hormonspiegel pendelt sich wieder ein, der Stoffwechsel ist weitgehend umgestellt. Sie könnten zwar noch unter Übelkeit leiden, dürften sich aber ansonsten wieder besser fühlen. Sie sind nun vermutlich wieder etwas ausgeglichener und positiver gestimmt. Auch die sichtbaren Zeichen der Schwangerschaft an Ihrem Körper werden Sie als angenehm empfinden: Nun beginnen Sie zuzunehmen und bekommen so allmählich ein Gefühl dafür, daß Ihr Kind in Ihnen wächst – es ist natürlich nicht nur das Kind, sondern auch dessen Versorgungs-system und nicht zuletzt Ihr eigener Körper, der ja nun für zwei Organismen sorgen muß. Außerdem werden Sie in diesen Wochen wahrscheinlich kaum über kalte Hände oder Füße klagen können – selbst wenn das bisher für Sie die Regel war. Schon im zweiten Monat hatte Ihr Körper ja die Blutproduktion deutlich erhöht. Nun arbeitet Ihr Herz auf Hochtouren und pumpt mit der größeren Menge Blutes auch mehr Mineralien und Nährstoffe durch Ihre Blutbahn. Das würde normalerweise für einen erhöhten Blutdruck sorgen – doch Ihr Körper reguliert das, indem sich vor allem in den Armen und Beinen die Wände der Venen und Arterien entspannen und so die Blutbahnen vergrößern. Die spürbare Folge: Dadurch werden Hände und Füße besser durchblutet und fühlen sich meistens warm an.

Ihr Kind beginnt unterdessen ein verstärktes Eigenleben. Während es bisher ausschließlich durch den Dottersack mit Blut versorgt wurde, bilden sich Leber, Milz und Knochenmark im Verlauf des dritten Monats nach der Empfängnis so weit aus, daß sie die Produktion der Blutzellen übernehmen können. Natürlich ist der Embryo weiterhin auf Versorgung von »außen« angewiesen. Die Plazenta versorgt Ihr Kind über die zwischen Embryo und Plazenta verlaufende Nabelschnur mit allen wichtigen Nährstoffen. Dazu wächst dieser »Mutterkuchen« im dritten Monat sehr stark und entwickelt ein dichtgeflochtenes Netz von Blutgefäßen. Schließlich ist das Innere der Gebärmutter völlig vom Chorion (*siehe Seite 16*) und von Häuten überzogen. Auch die Nabelschnur, die locker in sich verdreht ist und dem Kind so genügend Bewegungsfreiheit gibt, ist nun durch eine fetthaltige Schicht rundum geschützt.

Nun entwickelt sich auch das Knochengerüst – zunächst als recht weiche Konstruktion von kleinen Knorpeln –, die Kiefer bilden sich heraus, leichter Flaum bedeckt den Körper, Augen und Ohren nähern sich der endgültigen Form an. Die äußeren Sexualorgane entwickeln sich geschlechtsspezifisch. Ihr Kind wächst innerhalb des dritten Monats auf eine Körperlänge – ohne Beinchen gemessen, die in der Fruchtblase natürlich stark angewinkelt sind – von etwa neun Zentimetern und wiegt nach zwölf Wochen knapp 50 Gramm.

Der Embryo läßt sich gewöhnlich im 37,6 Grad warmen Fruchtwasser treiben, bewegt aber bereits Arme und Beine oder dreht seinen Körper hin und her – wenn gegen Ihren Bauch gedrückt wird, versucht er der Berührung auszuweichen. Manchmal hat Ihr Kind sogar einen Schluckauf.

Der vierte Monat

Ihre Brustwarzen werden dunkler und könnten sich wund anfühlen – davon abgesehen, dürften Sie nun über keinerlei Unannehmlichkeiten klagen.

Ihr Herz pumpt gegenüber der Zeit vor der Schwangerschaft nun die doppelte Blutmenge durch Ihren Körper – etwa sechs Liter in der Minute schickt der unermüdliche Muskel auf die Reise durch Ihren Blutkreislauf. Ihr Organismus kommt mit der Schwangerschaft inzwischen blendend zurecht, Sie fühlen sich lebendig – in dieser Phase genießen viele werdende Mütter ihre Schwangerschaft zum ersten Mal praktisch uneingeschränkt und in vollen Zügen.

Die Plazenta produziert jetzt größere Mengen von Hormonen – unter anderem HCG (die Abkürzung steht für »humanes Choriongonadotropin«, das einen gesunden Verlauf der Schwangerschaft fördert), Östrogen und Progesteron. Ebenfalls mit dem Ausstoß von Hormonen wird die Produktion der Muttermilch vorbereitet. Nun bildet sich auch eine Substanz, die »braunes Fett« genannt wird. Dieses Fett legt der Körper des Kindes in Depots unter der Haut ab, die ihm später unter anderem helfen sollen, seine Körpertemperatur zu halten. Die Depots sind erst kurz vor der Geburt komplett gefüllt – ein Umstand, der dazu beiträgt, daß frühgeborene Kinder anfälliger sind als »pünktliche« Ankömmlinge.

Die Wahrnehmungen des Kindes werden vielfältiger. Auf der Zunge entwickeln sich Geschmacksknospen, in wenigen Wochen wird der Fötus (oder Fetus), wie Ihr Kind seit der 13. Woche genannt wird, zwischen bitter und süß unterscheiden können. Auch die kleinen Knochen in den Ohren sind schon so hart geworden, daß das Kleine erste Geräusche hören kann. Sie würden sich wundern, was Ihrem Kind in seiner Fruchtblase zu Ohren kommt: das Klopfen Ihres Herzens, Knurren und Glucksen aus Ihrem Verdauungssystem, das beständige Rauschen Ihres Blutes – und schon jetzt auch Ihre Stimme, deren Resonanz sich natürlich durch Ihren ganzen Körper zieht.

Sehen kann Ihr Kind noch nicht, aber es verfügt nun bereits über Augenlider, die allerdings noch fest verschlossen sind. Fingernägel bilden sich, unter der durchscheinenden Haut sind Blutgefäße zu erkennen, und die Knochen werden allmählich härter. Der Kopf ist im Verhältnis zum restlichen Körper zwar noch recht groß – doch die Proportionen verschieben sich immer stärker zur späteren Gestalt Ihres Kindes hin. Die Lungen nehmen ihre Arbeit auf und werden durch Atembewegungen mit Fruchtwasser durchflutet – mit Sauerstoff wird der Fötus noch über die Plazenta versorgt.

Der fünfte Monat

Noch bessere Laune und das Verschwinden von Übelkeitsgefühlen selbst bei empfindlichen Mägen – das poliert Ihre Grundstimmung in der 17. bis 20. Woche Ihrer Schwangerschaft kräftig auf. Dazu kommt, daß Sie nun wahrscheinlich Ihr Kind spüren werden – auch Erstgebärende, denen natürlich die Erfahrung im Erkennen solcher Signale fehlt, nehmen nun Bewegungen des Fötus wahr.

Allerdings werden Sie vielleicht auch einige weniger angenehme Begleiterscheinungen der Schwangerschaft an sich feststellen. Wegen der erhöhten Aktivität der Schilddrüse schwitzen Sie wahrscheinlich stärker als gewohnt, auch die Kondition leidet noch etwas mehr – Sie werden in dieser Zeit relativ schnell aus der Puste kommen.

Ihr Zahnfleisch könnte etwas anschwellen – vielleicht kennen Sie dieses Symptom so ähnlich schon von Erkältungen her. Auch Sodbrennen oder unregelmäßiger Stuhlgang könnten Ihnen ein wenig zu schaffen machen. Da Ihre Blutgefäße wegen der erhöhten Pumpleistung des Herzens geweitet sind, können außerdem einzelne Äderchen platzen – die dabei entstehenden kleinen roten Flecken im Gesicht, an der Schulter und auf den Armen verschwinden nach der Geburt meist spurlos.

Vorsicht ist im fünften Schwangerschaftsmonat geboten, wenn Sie in der Vergangenheit anfällig für Blasenentzündungen waren: Die im Harntrakt zum Teil erschlaffte Muskulatur erhöht das Risiko einer Infektion. Sollten Sie ein Brennen in diesem Bereich spüren, fragen Sie Ihren Arzt um Rat. Vorbeugend kann es helfen, wenn Sie viel trinken und häufig auf die Toilette gehen. Durch die aufgenommene Flüssigkeit wird der Harntrakt gründlich gespült – und durch das häufige Wasserlassen steht die auszuscheidende Flüssigkeit nicht lange genug in der Blase, damit sich dort Krankheitskeime ausbreiten können.

Doch wahrscheinlich haben Sie ganz andere Dinge im Sinn. Inzwischen dürfte nämlich Ihr Bauch schon recht stattlich vorgewölbt sein, die Taille ist verschwunden, und in Ihnen erreicht das Kind am Ende des fünften Monats ein Gewicht von etwa 500 Gramm. Gut 18 Zentimeter groß wird das Kleine dann sein, der Herzschlag läßt sich bereits mit einem Stethoskop abhören.

Sichtbare Veränderungen gehen nun etwas langsamer voran – doch im Inneren des Fötus läuft die Entwicklung des komplizierten menschlichen Organismus im gewohnt hohen Tempo weiter. Talgdrüsen nehmen ihre Arbeit auf und versorgen die Haut des Fötus mit einer talgartigen Schmiere, die vermeidet, daß die monatelang ins Fruchtwasser getauchte Haut trocken und spröde wird. Um die ebenso wichtigen wie empfindlichen Nerven im Rückenmark bildet sich eine Schutzschicht. Und der ganze Körper ist mit einem feinen Flaum überzogen, der den Wissenschaftlern noch heute Rätsel aufgibt – denn niemand weiß so recht, wozu diese sogenannten Lanugohaare dienen.

Sportlich können Sie sich übrigens ein Beispiel an Ihrem Kind nehmen: In seiner Fruchtblase treibt es einigermaßen eifrig Gym-

nastik. Nachdem es entdeckt hat, daß es mit Hilfe von Nerven-
strängen und Muskelfasern seine Bewegungen steuern kann, versucht es mit seinen kleinen Händchen zu greifen, dehnt und
streckt und dreht sich. Einen kleinen Haken haben die überaus
nützlichen Turnstunden, die der Muskulatur auf die Sprünge helfen, allerdings schon: Die unermüdlichen Bewegungen des Babys
können Ihnen Bauchschmerzen verursachen.

Der sechste Monat

Spüren Sie einen kurzen Ruck in sich? Keine Bange: Wahrscheinlich hat Ihr Kind gerade einen kräftigen Schluckauf. Alle Bewegungen des Kleinen spüren Sie nun deutlicher. Ihr Bauch
wächst kräftig, auch wenn das je nach Typ und Körperbau sehr
unterschiedlich stark zu sehen ist, und Sie nehmen durchschnitt-
lich etwa ein Pfund pro Woche zu. 25 Zentimeter wird Ihr Kind
am Ende des sechsten Monats vom Steißbein bis zum Scheitel
messen – damit wird's an manchen Stellen bereits ein bißchen
eng in Ihrem Körper.

Die Gebärmutter drückt gegen Ihren Rippenbogen, der nach
außen ausweicht, indem er sich um etwa fünf Zentimeter anhebt
und sich die unteren Rippen ein wenig spreizen – das kann Ihnen
Rippenschmerzen verursachen. Auch Ihre Verdauung wird etwas
in Mitleidenschaft gezogen: Nach oben drückt die Gebärmutter
auf Ihren Magen, was die bereits für den fünften Monat möglichen Symptome Sodbrennen und gestörte Verdauung verstärken
kann. Und schließlich werden Sie vielleicht auf beiden Seiten des
Bauchs stechende Schmerzen spüren – auch das ist kein Grund

zur Sorge: Sie spüren die Folgen des nun stärker gestreckten Uterusmuskels.

Auf dem Ultraschallbild können Sie nun weitere Einzelheiten an Ihrem Kind unterscheiden – und inzwischen haben Sie ja auch schon ein bißchen Erfahrung damit, in den etwas verwaschenen Konturen der kleinformatigen Ultraschallaufnahmen Details zu erkennen. Für die meisten Veränderungen werden Sie aber wohl Ihre Phantasie bemühen müssen: Die Gesichtszüge des Kleinen sind schon größtenteils ausgebildet, die Haut schimmert noch immer an den meisten Stellen sehr rot durch, da die Fettdepots unter der Haut noch nicht gefüllt sind.

Durch die jetzt geöffneten Nasenlöcher beginnt das Baby mit Atembewegungen, die seine Atmung bis zur Geburt trainieren. Die Lungen sind noch nicht ganz »fertig« – doch es bilden sich erste Lungenbläschen, um die herum sich Blutgefäße zur späteren Sauerstoffaufnahme entwickeln. Diese Lungenbläschen vermehren sich übrigens auch nach der Geburt noch – erst ab dem achten Lebensjahr hört diese Zunahme auf.

Allmählich pendelt sich der Fötus auf einen Rhythmus aus Schlaf- und Wachzeiten ein. Auf der Innenseite der Handflächen entstehen die ersten Linien, im Gehirn entwickelt sich nach dem Reifen der entsprechenden Zellen die Fähigkeit zu bewußtem Denken.

In Experimenten fanden Wissenschaftler heraus, daß sich Kinder ab diesem Wachstumsstadium erinnern können – und daß sie aus ihren Erinnerungen und Erfahrungen lernen können. Das hat unter anderem eine praktische Auswirkung, die Eltern für sich nutzen sollten: Ihr Kind kann nun die Stimme des Vaters erkennen, wenn er oft mit dem Kleinen spricht – und später kann es diese Stimme auch aus verschiedenen heraushören. Die vertraute Stimme – ob Ihre oder die Ihres Partners – wird dann nach der Geburt als beruhigend empfunden.

Außerdem hört das Baby Musikstücke und kann sich später wieder an sie erinnern. Oder, um genau zu sein: Nach der Geburt kann dem Kind ein Musikstück vertraut vorkommen, obwohl es sich nicht mehr daran erinnern kann, das Stück während der Zeit im Mutterleib gehört zu haben.

 Kaufen Sie sich eine kleine Spieluhr und legen sie gelegentlich auf Ihren Bauch. Die leisen und melodischen Töne können Sie und Ihr Kind – zum Beispiel vor dem Einschlafen – angenehm beruhigen.

Bitte beachten Sie, daß Ihr Kind in einer Hinsicht besser hören kann als Sie: Es nimmt auch Frequenzen wahr, die Sie nicht mehr bewußt hören können. Manchmal reagiert es auf Geräusche auch empfindlicher, als Sie es erwarten würden. Falls Sie ab dem sechsten Schwangerschaftsmonat ein Konzert besuchen, sollten Sie zumindest nicht zu nahe an den Boxen stehen – vor allem die tiefen, druckvollen Töne (etwa durch Schlagzeug oder Baß) veranlassen Ihr Kind, sich auf und ab zu bewegen.

Der siebte Monat

Sie werden in der 25. bis 28. Schwangerschaftswoche häufiger Wasser lassen müssen, weil Ihr Baby inzwischen so sehr gewachsen ist, daß es auf die Blase drückt. Ihr Bauch ist möglicherweise so groß geworden, daß er Sie – zum Beispiel beim Schlafen – zu behindern beginnt.

Info! Legen Sie sich auf die Seite, strecken ein Bein aus, ziehen das Knie des anderen Beins nach oben, und legen Sie ein großes Kissen unter das angewinkelte Bein – so müßten Sie weiterhin noch recht bequem schlafen können.

Sollten Sie Rückenschmerzen bekommen, liegt das daran, daß sich durch das Gewicht des nun zwischen einem und eineinhalb Kilogramm schweren Fötus – plus Fruchtwasser, Plazenta und so weiter – der Schwerpunkt Ihres Körpers verlagert hat und Ihre Wirbelsäule nun auf ungewohnte Weise belastet wird. Sie sollten möglichst nichts Schweres heben. Tragen Sie Schuhe mit niedrigen Absätzen, und setzen Sie sich mit geradem Rücken auf einen harten Stuhl.

Inzwischen ist Ihr Kind groß genug, damit der Arzt seine Position beim Abtasten Ihres Bauchs bestimmen kann. Allmählich wird es für das Kleine enger in der Gebärmutter. Zwar kann es sich zu Beginn des siebten Monats noch ganz gut bewegen, doch mit jeder Woche ist die Bewegungsfreiheit etwas mehr eingeschränkt – Ihr Kind paßt sich dieser Veränderung an und wird etwas ruhiger.

Info! Ihr Baby merkt nun auch stärker, wenn etwas von außen auf die Gebärmutter drückt. Falls Sie also eine Position einnehmen, die Ihr Baby einengt oder ihm aus einem anderen Grund nicht recht behagt, wird es sich in der Fruchtblase winden.

Mittlerweile ist das Kind so weit entwickelt, daß es auch als Frühgeburt sehr gute Lebenschancen hätte. Die Lunge ist bereit, den ersten Atemzug aufzunehmen, und die Atmung hat ihren Rhythmus gefunden. Es kann schlucken und schon ein bißchen saugen.

Die Nervenstränge werden mit einer Schutzschicht aus Fett überzogen. Das Gehirn wächst und faltet sich im Schädelraum zu seiner endgültigen, walnußähnlichen Form. Die Körpertemperatur wird nun schon zum Teil vom Körper des Kindes selbst reguliert. Das Knochenmark produziert ausreichend rote Blutkörperchen. Und schließlich scheidet das Kleine bereits jetzt Urin aus: Rund ein halber Liter Harn fließt ab Ende des siebten Monats pro Tag ins Fruchtwasser, das sich ständig erneuert.

Auch das Aussehen Ihres Kindes ist schon ziemlich weit entwickelt. Die Kopfhaare wachsen, Augenbrauen und Wimpern sind voll ausgebildet. Die Proportionen von Kopf und Körper bleiben von nun an bis zum Zeitpunkt der Geburt unverändert. Die Haut wirkt glatter, weil sie besser mit Fett gepolstert ist.

Auch ein räumliches Empfinden hat das Baby nun entwickelt – sozusagen als Nebenprodukt seiner Turnübungen in den vergangenen Wochen hat es die Grenzen und die Beschaffenheit seiner direkten Umgebung ertastet und daraus seine Schlüsse gezogen.

Wenn es in der Gebärmutter einen Spiegel gäbe, könnte sich das Kleine inzwischen wahrscheinlich auch selbst bestaunen: Die Augenlider sind geöffnet, und Ihr Kind beginnt nun damit, bestimmte Punkte in seinem Gesichtsfeld zu fixieren und zu betrachten.

Der achte Monat

Allmählich bereitet sich Ihr Körper auf die Geburt vor. Ihr Becken dehnt sich, was Ihnen möglicherweise Schmerzen am hinteren Beckenrand bescheren kann. Auch der Druck auf den Rippenbogen vergrößert sich und verstärkt die bereits für den sechsten Monat beschriebenen Rippenschmerzen.

Der Bauch wächst noch immer, der Bauchnabel stülpt sich in diesem Stadium der Schwangerschaft häufig nach außen. Die Gebärmutter bereitet sich auf die Wehen vor, wird härter und zieht sich immer wieder einmal für 30 Sekunden zusammen – doch die meisten Frauen bemerken diese sogenannten Braxton-Hicks-Kontraktionen überhaupt nicht.

Manche Kinder nehmen schon im Lauf des achten Monats die »Schädellage« ein – hier liegt der Kopf des Kleinen dem Ausgang der Gebärmutter am nächsten. Meistens dreht sich das Baby irgendwann zwischen dem achten und dem neunten Monat in diese Position – mehr Bewegung ist dem gut 30 Zentimeter langen Körper in der zunehmend enger werdenden Gebärmutter nun auch kaum mehr möglich.

Sobald Ihr Kind mit dem Kopf zum Ausgang der Gebärmutter hin liegt, werden Sie die Veränderung als angenehm empfinden: Sie atmen freier und fühlen sich insgesamt etwas besser.

Ihr Frauenarzt untersucht Sie in diesem Monat häufiger, prüft die Zusammensetzung Ihres Urins und Ihres Blutes. Daß Sie in dieser Phase einen niedrigeren Anteil von Hämoglobin – also rotem Blutfarbstoff – im Blut haben können, ist normal.

Ihr Kleines wächst in diesem Monat bis auf eine Größe von gut 30 Zentimetern an und wird etwa 2500 Gramm schwer. Viele Kinder haben nun bereits ein ziemlich dichtes Kopfhaar, dafür sind die Lanugohaare bis Ende dieses oder Mitte des nächsten Schwangerschaftsmonats verschwunden – bis auf einzelne Flauminseln, die auch nach der Geburt zum Beispiel noch an Armen oder Beinen zurückbleiben können. Ihr Baby kann nun schon blinzeln, die Fingernägel haben ihre normale Länge erreicht, während die Fußnägel noch nicht ganz so weit sind.

Der neunte und zehnte Monat

Die letzten Vorbereitungen werden nun getroffen. Im Körper Ihres Kindes werden die letzten Fettdepots angelegt. Die Lunge erreicht ihr endgültiges Entwicklungsstadium, gefördert vom Hormon Kortison, das Ihr Baby dafür in den Nebennieren produziert. Der Darm des Kindes ist mit einer grünlich-schwarzen Masse gefüllt – dieses »Kindspech« ist eine Mischung aus Lanugohaaren, abgestoßenen Zellen und Sekreten der Nebennieren, die vom Kind gewöhnlich unmittelbar nach der Geburt ausgeschieden wird. Mit blauen Augen (die Farbe ändert sich nach der Geburt in vielen Fällen) schaut es scheinbar gelangweilt vor sich hin – Ihr Kleines hockt zusammengekauert in der sprichwörtlich hautengen Fruchtblase und wartet auf die Geburt.

Auch Sie selbst werden den Geburtstermin nun wahrscheinlich herbeisehnen. Ihre Brüste schwellen an. Hormone, mit denen Sie aus der Plazenta versorgt werden, regen die Milchproduktion an. Über die Muttermilch wird das Kind auch in der ersten Zeit nach der Geburt mit Antikörpern versorgt – ein ganz und gar selbständiges Immunsystem des Kleinen entwickelt sich erst nach einiger Zeit. Ihr Bauch ist nun so weit vorgewölbt, daß er Sie beim Schlafen in den meisten Stellungen behindert. Auch der noch etwas mehr nach vorn verlagerte Schwerpunkt könnte Ihnen ein wenig zu schaffen machen. Machen Sie das Beste aus der Situation: Schonen Sie sich, ruhen Sie sich zwischendurch immer wieder einmal für eine Weile aus, und legen Sie – das ist wörtlich gemeint – die Beine hoch.

Und schmunzeln Sie über Erfahrungen, die Sie vielleicht so noch nie zuvor an sich beobachtet haben: Manchmal bricht in schwangeren Frauen während der letzten Wochen vor der Entbindung eine regelrechte Putzwut aus – das ist heute vom uralten Instinkt, dem Neugeborenen rechtzeitig ein Nest zu bauen, übriggeblieben. Lassen Sie Schrubber und Lappen aber lieber in der Ecke: Genießen Sie die Ruhephase vor der Geburt, und tanken Sie Kraft für die schönen, aber auch anstrengenden Erlebnisse, die Ihnen mit Ihrem Neugeborenen bevorstehen.

Lebenszeichen

Haben Sie während der Schwangerschaft häufig das Verlangen, über Ihren sich vorwölbenden Bauch zu streicheln oder ihn einfach nur durch die aufgelegte Hand ein wenig zu wärmen? Nur zu: Je nach Stadium der Schwangerschaft wird Ihr Baby diese Zuwendung als angenehm oder als sehr angenehm empfinden. Und selbst in einer sehr frühen Phase der Entwicklung, für die noch nicht nachgewiesen wurde, daß Ihr Kind positiv auf solche Dinge reagiert, gibt es jemanden, dem solche Streicheleinheiten guttun: Ihnen selbst.

Eigentlich ist die Sache ganz einfach: Wenn Sie sich nicht nur auf Ihr Kind freuen, sondern diese Freude auch mit einem Lächeln oder einer zärtlichen Berührung zeigen, wird Ihre Stimmung besser. Dadurch werden entsprechende Hormone ausgeschüttet, die auch Ihrem Wohlbefinden dienen – und je besser es Ihnen geht, desto besser geht es auch dem ungeborenen Leben in Ihrem Körper, das noch stark von Ihrem Organismus abhängt.

Und erschrecken Sie nicht, wenn Ihr Kind Ihnen eines Tages »antwortet«. So nachhaltig, wie es sich mit Tritten gegen eine unbequeme Sitzposition von Ihnen beschweren kann, so deutlich kann es sich auch nach positiven Erlebnissen bedanken. Ab dem sechsten Monat bewegt sich das Kleine im Rhythmus Ihrer Stimme, es tritt Sie, wenn Sie sich aufregen – und hüpft im Takt lauter Trommelgeräusche auf und ab.

Auch der Umstand, daß Ihr Kind nach einiger Zeit sehen kann, hat Folgen. Wenn durch Ihre Haut grelles Licht nach innen dringt (weil Sie sich zum Beispiel die pralle Sonne auf den Bauch scheinen lassen), wird Ihr Baby versuchen, sich zur Seite zu drehen –

wenn dieses Licht blinkt oder stark flackert, wird es Ihr Kleines als noch unangenehmer empfinden.

Info! Alle Gefühle, die Sie selbst empfinden, wird Ihr Körper auch an das Kind weiterleiten. Stimmungsschwankungen, wie sie ja während der Schwangerschaft normal sind, schaden dem Baby nicht – aber es wird sich natürlich wohler fühlen, wenn es auch Ihnen gutgeht.

Ihr Baby kann Ihnen aber mit seinen Reaktionen auch richtige Nachrichten übermitteln. Von der 16. Woche an können Sie die Bewegungen des Kleinen wahrscheinlich spüren. Mit diesen Bewegungen trainiert das Kind seine Muskulatur und entwickelt so allmählich auch ein räumliches Empfinden für seine Umgebung. Doch mit der Zeit können Sie die tägliche Gymnastik recht gut von anderen Bewegungen unterscheiden. Die Reaktionen des Kindes auf unangenehme Licht- oder Klangerlebnisse habe ich bereits erwähnt. Ähnlich macht sich Ihr Baby bemerkbar, wenn Sie zum Beispiel zu lange in negativen Gefühlen versinken: Sind Sie eine Zeitlang wütend oder gestreßt, wird diese Stimmung über die entsprechenden Hormone auch an Ihr Kind weitergegeben. Das Kleine fühlt sich deswegen unwohl und beginnt, Sie mit Tritten zu traktieren. Das wäre dann der richtige Zeitpunkt, eine der Entspannungsübungen anzuwenden, die Sie im Geburtsvorbereitungskurs einstudiert haben.

Die Tritte Ihres Kindes können Sie auch nutzen, um in den letzten Wochen vor dem errechneten Geburtstermin den Zustand Ihres Kleinen zu überwachen. Etwa mit der 28. bis 30. Woche werden die Bewegungen des Kindes gleichmäßiger – für übermütiges »Herumtollen« ist es in der Gebärmutter inzwischen einfach ein bißchen zu eng geworden. Wählen Sie dazu einen etwa sechsstündigen Zeitraum aus, in dem Sie die Bewegungen Ihres Kindes jeden Tag überprüfen. Notieren Sie sich die Zahl der Bewegungen in diesem Zeitraum – oder die Uhrzeit, zu der Sie die fünfte Bewegung bemerkt haben. Dadurch werden Sie schnell ein Grundmuster der Bewegungen feststellen. Wenn Sie sechs Stunden lang keine Bewegung wahrgenommen haben und auch, wenn sich Ihr Kind weniger als fünfmal in sechs Stunden bewegt hat, sollten Sie Ihren Arzt davon in Kenntnis setzen. Nur keine Panik – Ihr Arzt kann sich schnell ein genaues Bild vom Zustand des Kindes machen und entscheiden, ob alles in Ordnung ist oder ein Kaiserschnitt erforderlich sein sollte.

Worauf sollte ich verzichten?

Sie müssen sich wegen möglicher schädlicher Einflüsse, unter denen Ihr Kind leiden könnte, nicht unnötig den Kopf zerbrechen. Das ungeborene Kind gilt als ziemlich robuste und widerstandsfähige »Konstruktion« der Natur. Allerdings gibt es einige Phasen der Schwangerschaft, in denen es etwas anfälliger ist – in jenen Wochen ab Ende des ersten Monats, in denen sich die wichtigsten Organe bilden. Doch allgemein gilt die Faustregel: Leben Sie während der Schwangerschaft so gesund, wie es eigentlich auch sonst vernünftig wäre. Betäuben Sie nicht jeden Kopfschmerz mit Tabletten, meiden Sie Alkohol, Nikotin und andere Drogen.

Viele Mediziner raten Ihnen eindringlich, auf gar keinen Fall zu rauchen – und die Folgen von Nikotin können auch tatsächlich von großem Nachteil sein. Wenn Sie eine einzige Zigarette rauchen, sind die Inhaltsstoffe des Zigarettenqualms nach etwa 20 Minuten von Ihrem Blutkreislauf absorbiert – und damit auch vom Blutkreislauf Ihres Kindes. Während Ihre Leber die Giftstoffe aber wieder aus dem Blut wäscht, kann die noch nicht fertig entwickelte Leber des Ungeborenen diese Aufgabe in den ersten Monaten der Schwangerschaft noch nicht erfüllen. Das nach wie vor im Blut des Kindes kursierende Nikotin, das Sie nur als eher schwach anregend empfinden, beschert Ihrem Baby einen um rund zwölf Schläge pro Minute erhöhten Puls. Den Rat der Ärzte sollten Sie also durchaus ernst nehmen – allerdings ist es etwas illusorisch, daß Sie Ihr Kind völlig vor Zigarettenrauch und schadstoffbelasteter Luft bewahren werden. Sie werden sich kaum völlig von rauchenden Zeitgenossen oder auch von qualmenden Autos fernhalten können.

Etwas ernster als sonst sollten Sie während der Schwangerschaft Infektionskrankheiten nehmen. Die Erreger gelangen über Ihren Blutkreislauf in den Organismus des Kindes und können dort in manchen Fällen Spuren hinterlassen. Das ist aber kein Grund zur Beunruhigung – sollten Sie eine Infektion bemerken, fragen Sie Ihren Frauenarzt, wie Sie sich verhalten sollen.

Weitere Tips zu diesem Thema finden Sie in diesem Buch im Kapitel »Gesund bleiben für zwei« ab Seite 139.

Welche
Vorsorge-Untersuchungen
sind nötig?

Eine Schwangerschaft stellt Ihren Körper völlig auf den Kopf. Während Sie zuvor recht genau wußten, wann Ihnen etwas fehlt, wann eine Erkältung im Anmarsch ist oder eine Muskelzerrung abklingt, werden Sie von Ihrem Körper nun viele Signale bekommen, die Sie gar nicht, nur schwer oder völlig falsch deuten können. Deshalb sind für die Zeit der Schwangerschaft einige Untersuchungen zur Sicherheit vorgesehen. Mit ihrer Hilfe kann Ihr Frauenarzt manchen Fehlentwicklungen rechtzeitig vorbeugen – wobei beileibe nicht jeder Befund etwas Schlimmes bedeuten muß. Eisenmangel zum Beispiel ist in manchen Phasen der Schwangerschaft völlig normal. Würde Ihr Arzt Ihnen aber nun kein Präparat zum Ausgleich dieser Mangelerscheinung verschreiben, könnte das nachteilige Folgen für Sie oder das Kind haben. Hier einige der wichtigsten Untersuchungen, die bis zur Geburt auf Sie zukommen könnten.

Die Erst-Untersuchung

Vielleicht gehen Sie bereits mit dem angenehmen (und begründeten) Verdacht zum Frauenarzt, er könnte bei Ihnen eine Schwangerschaft feststellen – schließlich kennen Sie Ihren Körper und seine Eigenheiten am besten. Deshalb können Sie sich in diesem Fall schon etwas auf den Besuch in der Praxis vorbereiten. Denn wenn Sie tatsächlich schwanger sind, wird Ihr Frauenarzt Ihnen eine ganze Reihe von Fragen stellen. Unter anderem möchte er erfahren, wann Sie Ihre erste Periode hatten, in welchen Abständen und wie regelmäßig sie seither auftrat, wann genau Sie die letzte Periode vor Ihrem Arztbesuch hatten. Sollten Sie bereits zuvor schwanger gewesen sein, werden auch Details zu diesen Schwangerschaften erfragt.

Der Arzt wird Ihren Gesundheitszustand prüfen und Ihnen ein wenig Blut abnehmen, das er zur Untersuchung ins Labor schickt. Dort wird unter anderem geprüft, welche Blutgruppe Sie haben, ob Sie immun sind gegen Röteln und einige andere Infektionskrankheiten. Bei der Erst-Untersuchung stellt Ihnen der Arzt den Mutterpaß aus, in dem er künftig alle Untersuchungsergebnisse festhält.

Ultraschall

Derzeit werden drei Routineuntersuchungen mit Ultraschall während der Schwangerschaft empfohlen. Bei normalem Verlauf sollte das genügen. Viele Ärzte machen aber heute mehr als diese drei Untersuchungen. Mit Ultraschall können Fehlbildungen früh erkannt werden.

Wegen der Ultraschall-Untersuchungen müssen Sie sich keine Sorgen um Ihr Baby machen: Wie der Name schon sagt, wird der Bereich Ihrer Gebärmutter mit Schallwellen deutlich oberhalb des hörbaren Bereichs abgetastet; aus dem »Echo« dieser Wellen errechnet der Computer des Untersuchungsgeräts eine »Live-Übertragung« direkt aus der Fruchtblase. Ultraschall hat gegenüber (radioaktiven) Röntgenstrahlen nicht nur den Vorteil, daß er Ihren Körper nach heutigem Stand der Wissenschaft kaum belastet – mit Röntgenstrahlen können außerdem nur die Unterschiede zwischen harter und weicher Substanz oder zwischen Kontrastmittel und Umgebung sichtbar gemacht werden. Doch die Knochen Ihres Kindes sind noch relativ weich – und ein Kontrastmittel würde Ihr Baby nur unnötig belasten.

Während der Ultraschall-Untersuchung können Sie die Bilder, die Ihr Arzt mit einem Handgerät »einfängt«, das ein wenig einer kleinen Fernbedienung ähnelt, auf einem Monitor neben sich beobachten. Aber seien Sie nicht zu enttäuscht:

Info! Auf den ersten Ultraschallbildern werden Sie nur schwammige Schatten sehen, in denen Sie auch nach den geduldigen Erklärungen Ihres Arztes nur mit einiger Phantasie die Körperteile Ihres Kindes erkennen, die er Ihnen beschreibt und auf dem Schirm zeigt.

Lassen Sie sich dennoch Ausdrucke dieser Aufnahmen geben – später werden Sie Übung bekommen im Deuten der Graustufen auf den Bildern, und Sie werden im nachhinein interessante Details entdecken. Dazu sollten Sie die Ultraschallbilder allerdings sorgfältig aufbewahren: Die Bilder aus Ihrem Inneren können aufgrund der Papierstruktur schnell verblassen, wenn sie dem Sonnenlicht ausgesetzt sind. Außerdem können Sie die dünnen und nicht allzu großen Fotos leicht verlieren. Wir haben in diesem Buch deshalb für Sie einige Seiten vorbereitet, auf denen Sie Ultraschallbilder einkleben und sich dazu Notizen machen können (*siehe Seite 130 ff.*).

Wie viele Vorsorge-Untersuchungen
sollten gemacht werden?

Für die Zeit der Schwangerschaft sind zehn Vorsorge-Untersuchungen vorgesehen – die Kosten übernimmt Ihre Krankenkasse. Sollte Ihr Arzt weitere Untersuchungen für geboten halten – auch diese Kosten übernimmt die Krankenkasse –, müssen Sie sich nicht gleich Sorgen machen: Ihr Frauenarzt untersucht Sie auch auf den vagen Verdacht hin, eine Entwicklung könne in der einen oder anderen Hinsicht nicht ganz innerhalb der Norm verlaufen – eine Vorsicht, die sicher ganz in Ihrem Interesse liegt.

Der übliche Zeitabstand zwischen den Untersuchungen beträgt in den ersten sieben bis acht Monaten vier Wochen, danach werden Sie alle 14 Tage durchgecheckt. Dabei werden immer wieder die Informationen überprüft, die im Gravidogramm des Mutterpasses (*siehe Seite 45 f.*) verzeichnet werden.

Die Fruchtwasser-Untersuchung

Hält Ihr Frauenarzt eine Analyse des Fruchtwassers für notwendig, geht es ihm darum, Ihr Kind auf mögliche genetische Schädigungen zu untersuchen. Diese sogenannte Amniozentese kann etwa ab der 15. oder 16. Woche Ihrer Schwangerschaft vorgenommen werden.

Dabei wird – vorsichtig, um das im Fruchtwasser treibende Kind nicht zu verletzen – Fruchtwasser entnommen und auf seine Inhaltsstoffe hin untersucht. Da Ihr Baby seine Ausscheidungen in diese Flüssigkeit abgibt, kann der Arzt aufgrund der Ergebnisse dieser Untersuchung recht genaue Aussagen über etwaige Schädigungen Ihres Kindes machen.

Die Fruchtwasser-Spiegelung

Sollte Ihr Arzt in der letzten Zeit vor der Geburt Bedenken haben, daß Ihr Kind auch wirklich ausreichend mit allem Nötigen versorgt wird, kann er eine Fruchtwasser-Spiegelung vornehmen. Dabei wird die Verfärbung des Fruchtwassers untersucht, die Rückschlüsse auf die Versorgung Ihres Babys zuläßt.

Analyse des Mutterkuchens

In einigen (nicht sehr häufigen) Fällen kann es auch notwendig werden, Ihren Mutterkuchen zu untersuchen. Es geht dann um den Verdacht, Ihr Kind könnte schwerere Schädigungen erlitten haben. Ihr Arzt – wahrscheinlich werden Sie dafür einen Termin in einer gynäkologischen Klinik bekommen – wird Ihnen die Prozedur vor der Entnahme genau erklären. Aus der Sorge heraus, auch wirklich alles Mögliche für Ihr Kind getan zu haben, werden Sie den Eingriff wahrscheinlich »gerne« über sich ergehen lassen.

Er dauert nur wenige Minuten, ist aber etwas unangenehm: Durch eine Sonde, die durch die Bauchdecke eingeführt wird, entnimmt Ihnen der Arzt eine kleine Probe des Mutterkuchens. Das Unangenehme daran: Ihre Bauchdecke ist durch die lokale Betäubung zwar schmerzfrei – doch die darunter liegende Fleischschicht befindet sich zu nah am Kind, um ohne Nachteile für Ihr Baby wirkungsvoll narkotisiert zu werden. Sie werden deshalb kräftiges Ziehen verspüren, das aber nach ein oder zwei Minuten vorüber ist.

Das Cardiotokogramm (CTG)

Ab der 28./30. Schwangerschaftswoche wird von vielen Ärzten bei jeder Vorsorge-Untersuchung auch ein CTG, ein Cardiotokogramm (Herzton-Wehen-Aufzeichnung), geschrieben. Damit können eine vorzeitige Wehentätigkeit und der Verlauf der kindlichen Herztöne überprüft werden. Dieses Gerät wird außerdem meist kontinuierlich während der Geburt eingesetzt und zeigt unter anderem an, ob sich für Ihr Baby ein Sauerstoffmangel anbahnt. Es übermittelt mit Hilfe von Sensoren, die mit einem elastischen Gürtel an Ihrem Bauch befestigt werden, die Herztöne Ihres Kindes und macht mit einem angeschlossenen Schreibgerät die Intensität und Intervalle Ihrer Wehen als Ausdruck sichtbar. Ein CTG kann auch durch ein elektronisches Gerät durchgeführt werden, das der Arzt in die Fruchtblase einführt – diese Methode liefert exaktere Meßergebnisse, wird aber im allgemeinen nur angewandt, wenn der Arzt Komplikationen befürchtet.

Wie funktioniert
der Mutterpaß?

Sobald Ihr Frauenarzt festgestellt hat, daß Sie schwanger sind, stellt er Ihnen einen sogenannten Mutterpaß aus. Hier werden vom Arzt alle medizinischen Daten rund um Ihre Schwangerschaft verzeichnet und so der jeweilige Entwicklungsstand Ihres ungeborenen Kindes festgehalten.

 Der Mutterpaß ist ein überaus wichtiges Dokument, das Sie während der Zeit der Schwangerschaft stets bei sich tragen sollten!

Sollte etwas Unvorhergesehenes passieren, kann jeder Kollege Ihres Frauenarztes sofort alles Nötige aus den Aufzeichnungen erfahren – damit soll vor allem sichergestellt werden, daß Sie und Ihr ungeborenes Kind stets die richtige medizinische Versorgung erhalten. Und natürlich brauchen schließlich auch die Geburtshelfer die im Mutterpaß enthaltenen Informationen für die Entbindung.

Der Mutterpaß ist in einigen Punkten für die Schwangere selbst nur sehr schwer verständlich. Ihr Frauenarzt wird Ihnen sicherlich gerne alle Eintragungen, die Sie interessieren, erklären und Ihre unterschiedlichsten Fragen rund um die Schwangerschaft sachlich fundiert beantworten.

Hier aber schon vorab einige Erklärungen zum Mutterpaß, die Ihnen das Verständnis der Notizen und den Umgang mit dem blaßblauen Heftchen erleichtern sollen:

✘ Auf der vorderen Umschlagseite tragen Sie bitte Ihren Namen ein

✘ Auf Seite I sind vier Felder für die Stempel des behandelnden Arztes und der Entbindungsklinik vorgesehen, darunter können Sie sich den jeweils nächsten Untersuchungstermin notieren.

✘ Auf Seite 2 werden Ihre Adresse und Ihr Geburtsdatum eingetragen, darunter und auf der nächsten Seite befinden sich Felder für »serologische Untersuchungen« – hier werden Laborergebnisse von Blutuntersuchungen vermerkt oder als per Computer ausgedruckte Etiketten eingeklebt. Unter anderem wird Ihre Blutgruppe ermittelt, Ihr Immunsystem wird auf seine Abwehrfähigkeit unter anderem gegen Röteln oder Toxoplasmose hin untersucht.

✘ Auf Seite 4 werden Informationen über vorangegangene Schwangerschaften eingetragen

✘ Seite 5 enthält die »Anamnese« – so nennen Mediziner die gesundheitliche Bestandsaufnahme eines Patienten. Sind in Ihrer Familie Krankheiten wie Diabetes verbreitet, hatten Sie schwere Erkrankungen etwa an Herz oder Psyche, stehen Sie unter besonderen Belastungen in Familie oder Beruf, waren Sie vor weniger als einem Jahr schon einmal schwanger? Die Antworten auf knapp 30 solcher Fragen sollen Ihrem Arzt helfen, Sie während der Schwangerschaft optimal zu betreuen.

✘ Auf Seite 6 vermerkt der Arzt den voraussichtlichen, anhand der letzten Periode errechneten Geburtstermin, darunter ist ein Zahlenschlüssel für eine Reihe möglicher Befunde abgedruckt.

✘ Die Seiten 7 und 8 enthalten das Kernstück des Mutterpasses: das Gravidogramm (*siehe Seite 45 f.*).

✘ Auf Seite 9 werden die Ergebnisse von Ultraschall- und Cardiotokographischer (CTG) Untersuchung eingetragen (*siehe Seite 42*).

✘ Auf Seite 10 sind die durchschnittlichen Wachstumskurven von Ungeborenen abgedruckt.

✘ Auf den Seiten 11 bis 14 werden die Ergebnisse der Untersuchungen zum Ende der Schwangerschaft, nach der Geburt, nach Verlassen des Wochenbetts und sechs bis acht Wochen nach der Entbindung vermerkt. Außerdem ist ein Blatt für die Dokumentation der Schwangerschaft, Entbindung und Nachsorge reserviert, mit dessen Hilfe die Krankenkasse die angefallenen Leistungen abrechnen kann.

✘ Ab Seite 17 wiederholen sich die ersten 16 Seiten noch einmal – für Ihre nächste Schwangerschaft.

Das Gravidogramm

Hier notiert Ihr Frauenarzt die Ergebnisse aller Untersuchungen während der Schwangerschaft. Jede Zeile der Seiten 7 und 8 in Ihrem Mutterpaß enthält die Resultate einer Vorsorge-Untersuchung, gekennzeichnet durch das Untersuchungsdatum und die aktuelle Schwangerschaftswoche, manchmal mit einem Zusatz wie »+ 5« (Tage) – da der Beginn der Schwangerschaft vom ersten Tag der letzten Periodenblutung an gerechnet wird, werden 280 Tage (40 Wochen) zugrunde gelegt. Die weiteren Spalten geben unter anderem Aufschluß über die Lage des Kindes, seine Herztöne, seine Bewegungen, Ihr Gewicht und die Zusammensetzung Ihres Urins.

✘ »Fundusstand« beschreibt Größe und Position der Gebärmutter: In Fingerbreiten wird die Entfernung vom obersten Punkt der Wölbung der Gebärmutter zum Schambein oder zum Nabel gemessen – das Ergebnis lautet dann nur kurz »S+2« (zwei Fingerbreit über dem Schambein) oder »N–3« beziehungsweise »Na–3« (drei Fingerbreit unter dem Nabel).

✘ Mit Kürzeln wie »SL« (für Schädellage), »BEL« (Beckenlage) oder »QL« (Querlage) wird in der Spalte rechts daneben die Lage des Kindes in der Gebärmutter angegeben.

✘ Es wird verzeichnet, ob bei Ihnen Krampfadern oder Wassereinlagerungen in den Beinen festgestellt wurden (dann steht ein »+« in der Spalte »Ödeme« oder »Varikosis«).

✘ Unter »RR syst./diast.« werden Ihre Blutdruckwerte eingetragen.

✘ In der Spalte »Hb (Ery)« wird die Menge an rotem Blutfarbstoff (Hämoglobin, abgekürzt: Hb) in Ihrem Blut gemessen – daran läßt sich ein etwaiger Eisenmangel oder eine Unterversorgung mit Sauerstoff feststellen. Ein solcher Eisenmangel tritt häufig in der zweiten Hälfte der Schwangerschaft auf – Ihr Arzt wird Ihnen dann ein Eisenpräparat verschreiben, das den Mangel wieder ausgleicht.

✘ In der zweiten Spalte von rechts, rot unterlegt, trägt der Arzt etwaige Auffälligkeiten nach dem Schlüssel auf Seite 6 ein – bevor Sie sich nun allerdings unnötig den Kopf wegen vermeintlich drohender Komplikationen zerbrechen, sprechen Sie Ihren Frauenarzt auf eine Eintragung in dieser Spalte an.

Fragen Sie, statt sich Sorgen zu machen!

Nun können Sie viele der Kürzel und vermeintlichen Hieroglyphen im Mutterpaß »lesen« – doch vergessen Sie bitte eines nicht: Meistens wissen Sie nicht, was eine Eintragung letztlich wirklich bedeutet.

Medizinische Mitteilungen sind oft sehr knapp und wenig charmant gehalten – wenn Sie den Umgang mit ärztlichen Kurznotizen nicht gewohnt sind, könnten Sie sich wegen eines positiven Befundes Sorgen machen, der in Wirklichkeit nur einen normalen Verlauf der Schwangerschaft belegt. Deshalb die dringende Bitte:

Info! Lesen Sie die Untersuchungsergebnisse ruhig kritisch, machen Sie sich Notizen über Anmerkungen, die Ihnen negativ auffallen – und sprechen Sie dann Ihren Frauenarzt an, statt sich mit unbegründeten Ängsten schlaflose Nächte zu bereiten.

Die meisten Kinder kommen gesund zur Welt, die meisten Schwangerschaften verlaufen ohne Komplikationen – es besteht also keine Veranlassung, sich ständig Sorgen zu machen und sich damit die Freude an den Monaten vor der Geburt zu verderben, die viele Frauen als die schönsten Monate ihres Lebens empfinden und genießen.

Erzählen Sie statt dessen alles, was Ihnen im Zusammenhang mit Ihrer Schwangerschaft auffällt, Ihrem Frauenarzt. Er kann diese Zeichen richtig deuten und Ihnen erklären, was gerade in Ihrem Körper und dem Ihres ungeborenen Kindes vor sich geht.

Gerade die Beratung ist ein wichtiger Bestandteil der Vorsorge-Untersuchungen – ein guter Frauenarzt wird auch nach langer Berufspraxis noch sehr wohl Verständnis dafür haben, daß das Leben mit dem werdenden Leben für Sie längst nicht so alltäglich ist wie für ihn.

Meine Schwangerschaft

Die 1. Woche

TERMINE: ....

....

INFO: Innerhalb von sieben Tagen nach der Befruchtung erreicht das Ei die Gebärmutterhöhle.

I. Tag: .... , den ....

2. Tag: .... , den ....

3. Tag: .... , den ....

4. Tag: .... , den ....

5. Tag: .... , den ....

6. Tag: .... , den ....

7. Tag: .... , den ....

Meine 1. Schwangerschaftswoche

Die 2. Woche

TERMINE: ....

....

INFO: Das in der Gebärmutterhöhle angekommene Ei löst die Produktion von Signalstoffen aus, die Ihren Körper »informieren«.

1. Tag: .... , den ....

2. Tag: .... , den ....

3. Tag: .... , den ....

4. Tag: .... , den ....

5. Tag: .... , den ....

6. Tag: .... , den ....

7. Tag: .... , den ....

Meine 2. Schwangerschaftswoche

Die 3. Woche

TERMINE: ....

....

INFO: Die Periode ist nun deutlich überfällig – und in Ihnen keimt wahrscheinlich langsam der Verdacht, Sie könnten schwanger sein.

1. Tag: .... , den ....

2. Tag: .... , den ....

3. Tag: .... , den ....

4. Tag: .... , den ....

5. Tag: .... , den ....

6. Tag: .... , den ....

7. Tag: .... , den ....

Meine 3. Schwangerschaftswoche

1. Tag: .... , den ....

2. Tag: .... , den ....

3. Tag: .... , den ....

4. Tag: .... , den ....

5. Tag: .... , den ....

6. Tag: .... , den ....

7. Tag: .... , den ....

Meine 4. Schwangerschaftswoche

TERMINE: ....

....

INFO: Ihr Stoffwechsel stellt sich stärker auf die Bedürfnisse des Kindes ein – vielleicht fühlen sich bereits Ihre Brüste schwerer an.

1. Tag: .... , den ....

2. Tag: .... , den ....

3. Tag: .... , den ....

4. Tag: .... , den ....

5. Tag: .... , den ....

6. Tag: .... , den ....

7. Tag: .... , den ....

Meine 5. Schwangerschaftswoche

Die 6. Woche

TERMINE: ....

....

INFO: Ist Ihnen morgens manchmal flau? Keine Sorge – lesen Sie nach auf Seite 17 und 146.

1. Tag: .... , den ....

2. Tag: .... , den ....

3. Tag: .... , den ....

4. Tag: .... , den ....

5. Tag: .... , den ....

6. Tag: .... , den ....

7. Tag: .... , den ....

Meine 6. Schwangerschaftswoche

Die 7. Woche

TERMINE: ....

....

INFO: Ihre Haut kann unter anderem trockener werden und zu jucken beginnen.

1. Tag: .... , den ....

2. Tag: .... , den ....

3. Tag: .... , den ....

4. Tag: .... , den ....

5. Tag: .... , den ....

6. Tag: .... , den ....

7. Tag: .... , den ....

Meine 7. Schwangerschaftswoche

Die 8. Woche

TERMINE: ....

....

INFO: Ihr Körper zollt den drastischen Umstellungen im Stoffwechsel Tribut: Ihre Kondition läßt nach.

1. Tag: .... , den ....

2. Tag: .... , den ....

3. Tag: .... , den ....

4. Tag: .... , den ....

5. Tag: .... , den ....

6. Tag: .... , den ....

7. Tag: .... , den ....

Meine 8. Schwangerschaftswoche

Die 9. Woche

TERMINE: ....

....

INFO: Allmählich pendelt sich Ihr Hormonhaushalt wieder ein. Sie werden sich nun wieder besser fühlen.

1. Tag: .... , den ....

2. Tag: .... , den ....

3. Tag: .... , den ....

4. Tag: .... , den ....

5. Tag: .... , den ....

6. Tag: .... , den ....

7. Tag: .... , den ....

Meine 9. Schwangerschaftswoche

Die 10. Woche

TERMINE: ....

....

INFO: Ihre Schwangerschaft hinterläßt erste Spuren auf der Waage: Sie beginnen zuzunehmen.

1. Tag: .... , den ....

2. Tag: .... , den ....

3. Tag: .... , den ....

4. Tag: .... , den ....

5. Tag: .... , den ....

6. Tag: .... , den ....

7. Tag: .... , den ....

Meine 10. Schwangerschaftswoche

Die 11. Woche

TERMINE: ....

....

INFO: Ihr Herz arbeitet auf Hochtouren, pumpt mehr Blut denn je durch Ihren Körper und beschert Ihnen warme Hände und Füße.

1. Tag: .... , den ....

2. Tag: .... , den ....

3. Tag: .... , den ....

4. Tag: .... , den ....

5. Tag: .... , den ....

6. Tag: .... , den ....

7. Tag: .... , den ....

Meine 11. Schwangerschaftswoche

Die 12. Woche

TERMINE: ....

....

INFO: Ihr Kind mißt nun etwa neun Zentimeter und wiegt etwa 50 Gramm.

1. Tag: .... , den ....

2. Tag: .... , den ....

3. Tag: .... , den ....

4. Tag: .... , den ....

5. Tag: .... , den ....

6. Tag: .... , den ....

7. Tag: .... , den ....

Meine 12. Schwangerschaftswoche

Die 13. Woche

TERMINE: ....

....

INFO: Bisher wurde Ihr Kind Embryo genannt – von nun an lautet die wissenschaftliche Bezeichnung dafür Fötus (oder Fetus).

1. Tag: .... , den ....

2. Tag: .... , den ....

3. Tag: .... , den ....

4. Tag: .... , den ....

5. Tag: .... , den ....

6. Tag: .... , den ....

7. Tag: .... , den ....

Meine 13. Schwangerschaftswoche

Die 14. Woche

INFO: Die Hormone beginnen, die Produktion der Muttermilch vorzubereiten.

1. Tag: .... , den ....

2. Tag: .... , den ....

3. Tag: .... , den ....

4. Tag: .... , den ....

5. Tag: .... , den ....

6. Tag: .... , den ....

7. Tag: .... , den ....

Meine 14. Schwangerschaftswoche

Die 15. Woche

TERMINE: ....
....

INFO: Ihre Brustwarzen werden dunkler. Sie könnten nun auch etwas jucken und sich wund anfühlen.

1. Tag: .... , den ....

2. Tag: .... , den ....

3. Tag: .... , den ....

4. Tag: .... , den ....

5. Tag: .... , den ....

6. Tag: .... , den ....

7. Tag: .... , den ....

Meine 15. Schwangerschaftswoche

Die 16. Woche

TERMINE: ....
....

INFO: Auf der Zunge Ihres Kindes entwickeln sich Geschmacksknospen. Das Baby kann erste Geräusche wahrnehmen.

I. Tag: .... , den ....

2. Tag: .... , den ....

3. Tag: .... , den ....

4. Tag: .... , den ....

5. Tag: .... , den ....

6. Tag: .... , den ....

7. Tag: .... , den ....

Meine 16. Schwangerschaftswoche

Die 17. Woche

TERMINE: ....

....

INFO: Nun dürfte die Zeit der Morgenübelkeit überstanden sein. Sie fühlen sich wohl und können vielleicht sogar schon Ihr Kind spüren.

1. Tag: .... , den ....

2. Tag: .... , den ....

3. Tag: .... , den ....

4. Tag: .... , den ....

5. Tag: .... , den ....

6. Tag: .... , den ....

7. Tag: .... , den ....

Meine 17. Schwangerschaftswoche

Die 18. Woche

TERMINE: ....

....

INFO: Ihre Schilddrüse ist aktiver als vor der Schwangerschaft –
Sie werden nun stärker schwitzen als gewohnt.

1. Tag: .... , den ....

2. Tag: .... , den ....

3. Tag: .... , den ....

4. Tag: .... , den ....

5. Tag: .... , den ....

6. Tag: .... , den ....

7. Tag: .... , den ....

Meine 18. Schwangerschaftswoche

Die 19. Woche

TERMINE: ....

....

INFO: Ihr Zahnfleisch könnte in diesen Wochen anschwellen, und möglicherweise haben Sie unregelmäßigen Stuhlgang.

1. Tag: .... , den ....

2. Tag: .... , den ....

3. Tag: .... , den ....

4. Tag: .... , den ....

5. Tag: .... , den ....

6. Tag: .... , den ....

7. Tag: .... , den ....

Meine 19. Schwangerschaftswoche

TERMINE: ....

....

INFO: 500 Gramm Gewicht und rund 18 Zentimeter vom Kopf
bis zum Gesäß – das sind die aktuellen Daten Ihres Kindes.

1. Tag: .... , den ....

2. Tag: .... , den ....

3. Tag: .... , den ....

4. Tag: .... , den ....

5. Tag: .... , den ....

6. Tag: .... , den ....

7. Tag: .... , den ....

Meine 20. Schwangerschaftswoche

Die 21. Woche

TERMINE: ....

....

INFO: Spüren Sie Bewegungen Ihres Kindes? Das ist faszinierend, kann aber manchmal auch leichte Bauchschmerzen verursachen.

1. Tag: .... , den ....

2. Tag: .... , den ....

3. Tag: .... , den ....

4. Tag: .... , den ....

5. Tag: .... , den ....

6. Tag: .... , den ....

7. Tag: .... , den ....

Meine 21. Schwangerschaftswoche

Die 22. Woche

TERMINE: ....

....

INFO: Die Gebärmutter drückt gegen Ihren Rippenbogen und Ihren Magen. Das kann Schmerzen und Sodbrennen verursachen.

1. Tag: .... , den ....

2. Tag: .... , den ....

3. Tag: .... , den ....

4. Tag: .... , den ....

5. Tag: .... , den ....

6. Tag: .... , den ....

7. Tag: .... , den ....

Meine 22. Schwangerschaftswoche

Die 23. Woche

INFO: Ihr Baby beginnt mit Atembewegungen, die Lungen sind allerdings noch nicht fertig ausgebildet.

1. Tag: .... , den ....

2. Tag: .... , den ....

3. Tag: .... , den ....

4. Tag: .... , den ....

5. Tag: .... , den ....

6. Tag: .... , den ....

7. Tag: .... , den ....

Meine 23. Schwangerschaftswoche

Die 24. Woche

TERMINE: ....

....

INFO: Haben Sie sich schon eine kleine Spieluhr gekauft, die Sie abends auf Ihren Bauch legen? (*Siehe Seite 26*)

1. Tag: .... , den ....

2. Tag: .... , den ....

3. Tag: .... , den ....

4. Tag: .... , den ....

5. Tag: .... , den ....

6. Tag: .... , den ....

7. Tag: .... , den ....

Meine 24. Schwangerschaftswoche

Die 25. Woche

TERMINE: ....

....

INFO: Sie werden nun wahrscheinlich häufiger Wasser lassen müssen als gewohnt – das Baby drückt auf Ihre Blase.

1. Tag: .... , den ....

2. Tag: .... , den ....

3. Tag: .... , den ....

4. Tag: .... , den ....

5. Tag: .... , den ....

6. Tag: .... , den ....

7. Tag: .... , den ....

Meine 25. Schwangerschaftswoche

Die 26. Woche

TERMINE: ....

....

INFO: Stört Sie Ihr Bauch beim Einschlafen? Haben Sie Rücken-schmerzen? Lesen Sie nach auf Seite 27.

1. Tag: .... , den ....

2. Tag: .... , den ....

3. Tag: .... , den ....

4. Tag: .... , den ....

5. Tag: .... , den ....

6. Tag: .... , den ....

7. Tag: .... , den ....

Meine 26. Schwangerschaftswoche

Die 27. Woche

TERMINE: ....

....

INFO: Ab dem siebten Schwangerschaftsmonat ist Ihr Kind so weit entwickelt, daß es als Frühgeburt sehr gute Lebenschancen hätte.

1. Tag: .... , den ....

2. Tag: .... , den ....

3. Tag: .... , den ....

4. Tag: .... , den ....

5. Tag: .... , den ....

6. Tag: .... , den ....

7. Tag: .... , den ....

Meine 27. Schwangerschaftswoche

Die 28. Woche

TERMINE: ....

....

INFO: Ihr Baby hat Augenbrauen und Wimpern, die Kopfhaare wachsen, und die Haut wird glatter.

1. Tag: .... , den ....

2. Tag: .... , den ....

3. Tag: .... , den ....

4. Tag: .... , den ....

5. Tag: .... , den ....

6. Tag: .... , den ....

7. Tag: .... , den ....

Meine 28. Schwangerschaftswoche

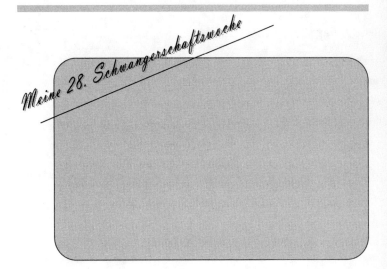

TERMINE: ....

....

INFO: Spüren Sie Schmerzen am hinteren Beckenrand? Das ist ein Zeichen, daß sich Ihr Becken als Vorbereitung auf die Geburt dehnt.

1. Tag: .... , den ....

2. Tag: .... , den ....

3. Tag: .... , den ....

4. Tag: .... , den ....

5. Tag: .... , den ....

6. Tag: .... , den ....

7. Tag: .... , den ....

Meine 29. Schwangerschaftswoche

Die 30. Woche

TERMINE: ....

....

INFO: Bereiten Sie sich ruhig schon in Ruhe auf die Fahrt ins Krankenhaus und die Zeit nach der Entbindung vor (*siehe Seite 193 f.*).

1. Tag: .... , den ....

2. Tag: .... , den ....

3. Tag: .... , den ....

4. Tag: .... , den ....

5. Tag: .... , den ....

6. Tag: .... , den ....

7. Tag: .... , den ....

Meine 30. Schwangerschaftswoche

Die 31. Woche

TERMINE: ....

....

INFO: Ihre Gebärmutter bereitet sich auf die Wehen vor und zieht sich zusammen – unbemerkt von den meisten Schwangeren.

1. Tag: .... , den ....

2. Tag: .... , den ....

3. Tag: .... , den ....

4. Tag: .... , den ....

5. Tag: .... , den ....

6. Tag: .... , den ....

7. Tag: .... , den ....

Meine 31. Schwangerschaftswoche

Die 32. Woche

TERMINE: ....
....

INFO: Ihr Baby ist inzwischen auf eine Körperlänge von etwa 30 Zentimetern angewachsen.

1. Tag: .... , den ....

2. Tag: .... , den ....

3. Tag: .... , den ....

4. Tag: .... , den ....

5. Tag: .... , den ....

6. Tag: .... , den ....

7. Tag: .... , den ....

Meine 32. Schwangerschaftswoche

Die 33. Woche

TERMINE: ....

....

INFO: Ihr Frauenarzt untersucht Sie inzwischen in kürzeren Zeitabständen, um die Zusammensetzung von Blut und Urin zu prüfen.

I. Tag: .... , den ....

2. Tag: .... , den ....

3. Tag: .... , den ....

4. Tag: .... , den ....

5. Tag: .... , den ....

6. Tag: .... , den ....

7. Tag: .... , den ....

Meine 33. Schwangerschaftswoche

Die 34. Woche

TERMINE: ....

....

INFO: Die Lanugohaare verschwinden nun am ganzen Körper Ihres Babys – vielleicht bleiben kleine Stellen mit Flaum zurück.

1. Tag: .... , den ....

2. Tag: .... , den ....

3. Tag: .... , den ....

4. Tag: .... , den ....

5. Tag: .... , den ....

6. Tag: .... , den ....

7. Tag: .... , den ....

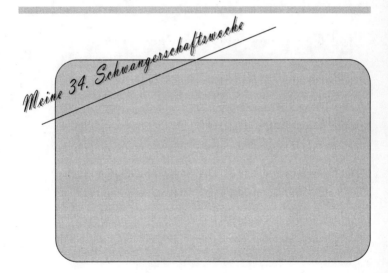

Meine 34. Schwangerschaftswoche

Die 35. Woche

TERMINE: ....

....

INFO: Ihre Brüste schwellen an, Hormone regen die Milch-produktion an.

1. Tag: .... , den ....

2. Tag: .... , den ....

3. Tag: .... , den ....

4. Tag: .... , den ....

5. Tag: .... , den ....

6. Tag: .... , den ....

7. Tag: .... , den ....

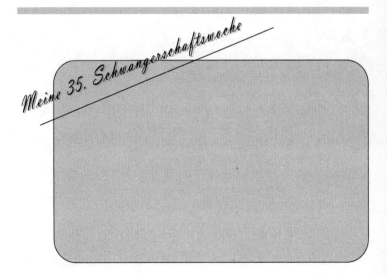

Meine 35. Schwangerschaftswoche

Die 36. Woche

TERMINE: ....
....

INFO: Erleben Sie eine bis dahin unbekannte Putzwut an sich? Das ist der Rest unseres Nestbauinstinkts (*siehe Seite 31*).

1. Tag: .... , den ....

2. Tag: .... , den ....

3. Tag: .... , den ....

4. Tag: .... , den ....

5. Tag: .... , den ....

6. Tag: .... , den ....

7. Tag: .... , den ....

Meine 36. Schwangerschaftswoche

Die 37. Woche

1. Tag: .... , den ....

2. Tag: .... , den ....

3. Tag: .... , den ....

4. Tag: .... , den ....

5. Tag: .... , den ....

6. Tag: .... , den ....

7. Tag: .... , den ....

Meine 37. Schwangerschaftswoche

Die 38. Woche

TERMINE: ....

....

INFO: Im Darm Ihres Kindes befindet sich eine grünlich-schwarze Masse, die »Kindspech« genannt wird.

1. Tag: .... , den ....

2. Tag: .... , den ....

3. Tag: .... , den ....

4. Tag: .... , den ....

5. Tag: .... , den ....

6. Tag: .... , den ....

7. Tag: .... , den ....

Meine 38. Schwangerschaftswoche

Die 39. Woche

TERMINE: ....

....

INFO: Falls Sie noch nicht fürs Krankenhaus gepackt haben: Die Checklisten finden Sie ab Seite 193.

1. Tag: .... , den ....

2. Tag: .... , den ....

3. Tag: .... , den ....

4. Tag: .... , den ....

5. Tag: .... , den ....

6. Tag: .... , den ....

7. Tag: .... , den ....

Meine 39. Schwangerschaftswoche

Die 40. Woche

TERMINE: ....

....

INFO: Ihr Kind läßt noch auf sich warten? Machen Sie sich keine Sorgen: Der genannte Geburtstermin ist nur eine Schätzung.

1. Tag: .... , den ....

2. Tag: .... , den ....

3. Tag: .... , den ....

4. Tag: .... , den ....

5. Tag: .... , den ....

6. Tag: .... , den ....

7. Tag: .... , den ....

Meine 40. Schwangerschaftswoche

Mein Baby
im Ultraschall

Hier bitte Ultraschall-Aufnahme einkleben

Notizen: ....
....

aufgenommen am ....

Mein Baby
im Ultraschall

Hier bitte Ultraschall-Aufnahme einkleben

Notizen: ....
....

aufgenommen am ....

Mein Baby
im Ultraschall

Hier bitte Ultraschall-Aufnahme einkleben

Notizen: ....

....

aufgenommen am ....

Mein Baby im Ultraschall

Hier bitte Ultraschall-Aufnahme einkleben

Notizen: ....

....

aufgenommen am ....

Mein Baby
im Ultraschall

Hier bitte Ultraschall-Aufnahme einkleben

Notizen: ....

....

aufgenommen am ....

Mein Baby
im Ultraschall

Hier bitte Ultraschall-Aufnahme einkleben

Notizen: ....
....

aufgenommen am ....

Mein Baby
im Ultraschall

Hier bitte Ultraschall-Aufnahme einkleben

Notizen: ....

....

aufgenommen am ....

Mein Baby
im Ultraschall

Hier bitte Ultraschall-Aufnahme einkleben

Notizen: ....

....

aufgenommen am ....

Mein Baby:
Das erste Foto

Hier bitte das erste Foto einkleben

fotografiert am ....

Gesund

bleiben

für zwei

Die richtige Ernährung

Sie müssen nicht essen für zwei – aber beim Essen, Kochen und Einkaufen denken für zwei. Dieser Slogan einer Krankenkasse trifft den Kern der Sache ganz gut, wenn es um die richtige Ernährung während der Schwangerschaft geht. Sie kennen das bereits von anderen Verhaltensregeln während der Monate bis zur Geburt Ihres Kindes: Ernähren Sie sich so gesund, wie das schon vor der Schwangerschaft vernünftig gewesen wäre.

Natürlich ist es sinnvoll, wenn sich schwangere Frauen an eine Ernährungsberaterin wenden. So bieten die Allgemeinen Ortskrankenkassen (AOK) für ihre Mitglieder kostenlos Beratungsgespräche unter anderem zum Thema »Ernährung in der Schwangerschaft« an. Christine Bissinger, Diätassistentin der AOK für den Rems-Murr-Kreis, hat dazu einige Fragen beantwortet.

Die richtige Ernährung ist ja nicht nur während der Schwangerschaft erforderlich – ab wann ist es aber für die Schwangere besonders wichtig, auf eine ausgewogene Ernährung zu achten?

Wichtig ist eine gesunde und ausgewogene Ernährung bereits vor der Schwangerschaft, denn von der Ernährung hängt vieles ab: nicht nur das Wohlbefinden, sondern auch die Fitneß und die Leistungsfähigkeit. Deshalb sollte man auch fünf bis sechs Mahlzeiten über den Tag verteilt zu sich nehmen. So werden dem Körper gleichmäßig die nötigen Nährstoffe zugeführt. Auch für die Leistungsfähigkeit ist diese Ernährungsweise sinnvoll, denn nach größeren Mahlzeiten fühlt man sich erst mal ziemlich schlapp.

Kann zuviel Obst beziehungsweise zuviel Fruchtsäure in der Schwangerschaft der Schwangeren sowie dem ungeborenen Kind schaden?

Schädlich sind Fruchtsäuren nur während der Stillzeit. In der Schwangerschaft ist es natürlich wichtig, viel Gemüse und Obst zu essen. Beides enthält viele Vitamine und Mineralstoffe, und der Vitamin- und Mineralstoffbedarf ist in der Schwangerschaft erhöht.

Kann man diesen erhöhten Bedarf an Vitaminen und Mineralstoffen durch vollwertige Ernährung überhaupt abdecken?

Das kann man natürlich, indem man auf eine ausgewogene Ernährung achtet. Die Basis sollte immer eine vollwertige Ernährung sein: reichlich kohlehydrathaltige Produkte wie Getreide und Getreideprodukte in Form von Vollkornbrot, Haferflocken, Naturreis und Kartoffeln in einer fettarmen Zubereitung als Sattmacher. Dazu kommen Gemüse und Obst als Vitaminlieferanten und täglich Milch und Milchprodukte sowie zwei- bis dreimal die Woche eine kleine Portion Fleisch für den Eiweißbedarf. Der Eiweißbedarf der Schwangeren ist leicht erhöht. Außerdem ist auf ausreichende Flüssigkeitszufuhr zu achten. Süßigkeiten und andere Knabbereien sollten »Luxus« sein. Im Prinzip gibt es keine einzelne Nahrungsmittelgruppe, die uns alle nötigen Nährstoffe alleine liefert. Deshalb ist eine abwechslungsreiche Ernährung so wichtig.

Gemüse als Vitaminlieferant – wie kann man Gemüse denn am schonendsten zubereiten?
Das Gemüse verliert beim Dünsten die wenigsten Nährstoffe. Wichtig ist aber dabei, das Gemüse so kurz wie möglich »mit Biß« zu garen oder als Rohkost zu verzehren. Außerdem sollten Schwangere beim Zubereiten Salz nur sehr sparsam verwenden, statt dessen lieber mit frischen Kräutern würzen. Es wird empfohlen, pro Tag eine Mahlzeit mit gedünstetem Gemüse und eine Mahlzeit mit Rohkost zu essen. Mittags einen gemischten Salat und abends zum Beispiel einen Kartoffelauflauf mit Gemüse zubereiten.

Was macht eine Schwangere, wenn sie zumindest zu Beginn der Schwangerschaft auf Kantinenessen angewiesen ist?
Das typische Kantinenessen ist nicht sehr vitaminreich. Doch das kann man mit den restlichen Mahlzeiten wieder ausgleichen.

Am besten fängt man schon für das Frühstück damit an. Ein Müsli mit Obst, Getreide und Milch enthält sehr viele wichtige Vitamine und Nährstoffe und ist somit der ideale Start in den Tag. Sie können Ihr Essen auch zur Arbeit mitnehmen. Ein belegtes Vollkornbrot, dazu Rohkost wie Karotten, Paprika, Radieschen oder Tomaten, als Zwischenmahlzeit empfiehlt sich Obst der Saison.

Ist Fast food auch in der Schwangerschaft erlaubt?
In Maßen ist Fast food auch in der Schwangerschaft erlaubt.

Schadet es dem Kind, wenn die Mutter in der Schwangerschaft sehr viel ißt, also sprichwörtlich »für zwei«?
Häufig nützen Frauen, die ansonsten »gezügelt« essen, eine Schwangerschaft, um endlich »ungehemmt« essen zu können. Die Folge ist Übergewicht, da der Körper alle überschüssige Energie als Depotfett anlegt. Deshalb sollte während der Schwangerschaft das Körpergewicht um nicht mehr als neun bis 13 Kilogramm ansteigen. Dies entspricht dem Gewicht von Kind und Nachgeburt.

Wieviel Alkohol ist in der Schwangerschaft erlaubt?
Am besten sollte auf Alkohol in der Schwangerschaft verzichtet werden, was neue wissenschaftliche Untersuchungen bestätigen. Selbstverständlich sollten Schwangere ausreichend trinken, ungefähr 1,5 bis 2 Liter pro Tag in Form von Kräuter- und Früchtetees, Mineralwasser oder Fruchtsaftschorle. Mit koffeinhaltigen Getränken wie Kaffee und Schwarztee sollte man sparsam umgehen.

Sind ungewöhnliche Kombinationen von Nahrungsmitteln - also etwa Hering und Schlagsahne - schädlich für Mutter und Kind?

Es kann schon sein, daß Schwangere Gelüste auf die verschiedensten Gerichte haben. Doch in Maßen und im Rahmen einer vollwertigen Ernährung schadet es nicht. Diese Geschmacksveränderungen können mit der Hormonveränderung während der Schwangerschaft zusammenhängen.

Schaden scharfe Gewürze im Essen dem ungeborenen Kind?

Eigentlich nicht, denn während der Schwangerschaft muß die Schwangere selbst entscheiden, was ihr guttut. Wenn ihr scharfes Essen nicht bekommt, sollte sie in Zukunft darauf verzichten, um ihr Wohlbefinden nicht zu beeinträchtigen.

Muß die Schwangere vor allem in den letzten Wochen vor der Entbindung etwas Besonderes für ihre Ernährung beachten?

Wichtig ist von Beginn der Schwangerschaft an, vor allem in den ersten 24 Schwangerschaftswochen, auf die Ernährung zu achten. Denn wenn in dieser Zeit ein Nährstoffmangel herrscht, kann es zu Mißbildungen des Kindes kommen. Was die meisten Eiweiße betrifft, so sind Mutter und Kind gleichermaßen betroffen. Nur Eiweiß, Eisen, Calcium und B-Vitamine holt sich das Kind auf Kosten der Mutter.

Muß die Schwangere beim Einkauf auf etwas Besonderes achten? Sollte sie zum Beispiel Konservierungsmittel meiden?

Im Prinzip sollte jeder, also nicht nur in der Schwangerschaft, auf Frische und Qualität der Lebensmittel achten. Das heißt zum Beispiel: frisches Obst und Gemüse direkt vom Bauern auf dem Wochenmarkt kaufen, möglichst wenig Fertigprodukte oder Konserven verwenden. Es gibt nur sehr wenige Lebensmittel, auf die eine Schwangere verzichten sollte. Dazu gehören Rohwurst, wie zum Beispiel Salami oder Teewurst, rohes Hackfleisch und nicht durchgebratenes Fleisch. Rohes Fleisch kann Toxoplasmide enthalten, die beim ungeborenen Kind schwere Schädigungen hervorrufen können. Außerdem wird Schwangeren empfohlen, auf Rohmilchprodukte und Rinde von Weichkäse völlig zu verzichten, da dort Listerien enthalten sind. Diese Bakterien können grippeähnliche Beschwerden hervorrufen und beim Kind zu schwerwiegenden Schädigungen bis hin zur Fehlgeburt führen.

Eisenmangel kommt bei Schwangeren häufig vor. Welche Lebensmittel enthalten zum Ausgleich dafür größere Mengen Eisen?

Eisen ist wichtig für die Blutbildung, für die Sauerstoffversorgung des Körpers und für die Gehirnentwicklung des Kindes. Enthalten ist Eisen vor allem in Vollkornprodukten, Fleisch, Hülsenfrüchten und Beerenobst. Vor allem Vegetarierinnen müssen darauf achten, daß sie regelmäßig eisenreiche Nahrung zu sich nehmen. Der Körper kann das Eisen aus pflanzlichen Nahrungsmitteln am besten in Verbindung mit Vitamin C aufnehmen.

*Gibt es ein Patentrezept gegen die typische Morgenübelkeit
in der Schwangerschaft?*

Nein, gibt es nicht. Denn die Gründe, warum diese Übelkeit
mit Brechreiz auftritt, sind von Frau zu Frau verschieden. Manchmal hilft es, wenn man vor dem Aufstehen eine Kleinigkeit ißt
oder trinkt. Kräutertees aus Schafgarbe oder Weißdorn können
lindernd wirken.

Rezepte zum Ausprobieren

Müsli mit Trockenfrüchten

300 g Haferflocken
150 g Weizenflocken
20 bis 30 g ganze Mandeln
20 g Sonnenblumenkerne
20 g Sesam
verschiedene Trockenfrüchte wie beispielsweise getrocknete Birnen, Aprikosen, Äpfel, Pflaumen, Feigen, Rosinen, Bananen klein geschnitten

Alle Zutaten miteinander vermischen, eventuell auch Cornflakes zugeben und alles in einem dicht schließenden Behälter aufbewahren. Zum Frühstück jeweils Joghurt mit Milch verrühren, frisches Obst der Saison kleingeschnitten dazugeben und 1 bis 2 Eßlöffel von der Müslimischung darauf streuen.

Kartoffelsavarin mit Gemüse

(Zutaten für vier Personen)

DAS SAVARIN

750 g Kartoffeln

50 g geriebener Käse

3 EL frisch gehackte Kräuter

2 Eier

2 EL saure Sahne

1 durchgepreßte Knoblauchzehe, Kräutersalz,

Pfeffer, Paprika, Muskat

Fett für die Form

Die Kartoffeln in der Schale halbweich kochen, schälen und grob raspeln. Den Backofen auf 200 Grad vorheizen. Eine Savarinform oder vier kleine Förmchen ausfetten. Käse, Kräuter, Eier, saure Sahne zu den Kartoffeln geben und mit Knoblauch und Gewürzen pikant abschmecken. Die Masse in die Form füllen, etwas andrücken und circa 35 Minuten lang backen.

DAS GEMÜSE

500 g Broccoli
500 g Karotten
2 EL Olivenöl
1 große Zwiebel in kleinen Würfeln
evtl.1 Knoblauchzehe
2 TL Gemüsebrühe
2 EL frisch gehackte Petersilie
Muskat, Pfeffer

Karotten schälen, in dickere Stifte schneiden, Broccoli putzen, in Röschen teilen, waschen und zusammen mit den Zwiebelwürfeln in Olivenöl andünsten. Mit Gemüsebrühe bestreuen, etwas Wasser dazugeben und das Gemüse etwa 15 Minuten lang bißfest andünsten. Mit Gewürzen abschmecken und mit Petersilie bestreut zum Savarin servieren.

Gemüse-Fleischpfännchen mit Vollkornreis

200 g Dinkel- oder Vollkornreis

300 g Putenschnitzel oder -filet

400 ml Gemüsebrühe

2 rote Paprika

1 Zwiebel

1 Knoblauchzehe

2 Frühlingszwiebeln

200 g Champignons

1 Stange Lauch

2 Fleischtomaten

1 Bund gehackte Petersilie

3 EL Olivenöl

evtl. 50 ml Sahne

Salz, Pfeffer, Kräutersalz, Paprika

Den Reis etwa vier Stunden vor dem Kochen in kaltem Wasser einweichen und in den Kühlschrank stellen. Vor dem Kochen die Flüssigkeit abgießen, den Reis abbrausen und in einem Eßlöffel Olivenöl kurz anbraten. Mit der Gemüsebrühe aufgießen und zugedeckt rund 15 Minuten lang leicht köcheln lassen. In einer Pfanne das restliche Olivenöl erhitzen. Das Fleisch in dünne Streifen schneiden und in Olivenöl kurz anbraten. Das kleingeschnittene Gemüse dazugeben. Alles zusammen kurz weiterdünsten, anschließend mit dem Reis vermischen und zusammen fertig garen. Mit den Gewürzen und einem Teil der Kräuter abschmecken, eventuell die Sahne dazugeben und mit den restlichen Kräutern bestreut servieren.

Homöopathie und Schwangerschaft

Die Heilmethode der Homöopathie wurde vom Arzt, Apotheker und Chemiker Samuel Hahnemann (1755 bis 1843) entwickelt. 1796 veröffentlichte er seinen ersten Aufsatz über die Idee, Krankheiten dadurch zu heilen, daß man dem Körper beibringt, gegen diese Krankheiten gewissermaßen eigene Heilmittel zu entwickeln. 1810 stellte er sein homöopathisches Konzept vor – und schon der Name ließ erahnen, wie das Ganze funktionieren sollte: Den Begriff Homöopathie leitete Hahnemann von den griechischen Worten für »ähnliches Leiden« (homoion pathos) ab. Der medizinische Grundgedanke, stark vereinfacht, erinnert ein wenig an die Technik, mit der heute gegen verschiedene Krankheiten geimpft wird: Dem Kranken wird ein Mittel verabreicht, das eine ähnliche Wirkung hervorruft wie seine Krankheit – dadurch wird der Körper des Kranken stimuliert, gegen diese Wirkung und damit auch gegen die Krankheit Abwehrkräfte zu entwickeln und einzusetzen. So jedenfalls stellt man sich die Wirkungsweise der Homöopathie gemeinhin vor – wie sie letztendlich tatsächlich wirkt, konnte bisher noch nicht nachgewiesen werden.

Ein weiterer zentraler Aspekt der Homöopathie liegt aber in der gründlichen Suche nach dem Auslöser der Krankheit – dabei geht es nicht nur um die Frage, ob Sie nun eine Grippe oder einen Schnupfen haben: Der Homöopath wird Sie auch Dinge fragen, die Sie zunächst vielleicht gar nicht in Beziehung zu Ihrer Krankheit setzen würden. Doch bald wird Ihnen klar werden:

Wenn Sie Streß im Job haben, wenn Sie sich Sorgen um Ihre Partnerschaft machen oder wenn Sie einige Nächte lang zu wenig geschlafen haben, leidet darunter auch Ihr Immunsystem – und Sie werden zum Beispiel anfälliger für Infektionskrankheiten.

Nachdem der Homöopath auf diese Weise den Auslöser der Krankheit eingekreist oder herausgefunden hat, wählt er die passende Arznei für Sie aus – Medikamente, die manchmal so wohlklingende Namen wie Belladonna haben. Belladonna, das gegen eine Reihe ganz unterschiedlicher Krankheiten eingesetzt wird, ist auch ein schönes Beispiel für einen der wichtigsten Faktoren der Herstellung von homöopathischen Arzneien: Der deutsche Name für diese Pflanze ist Tollkirsche, und deren Früchte sind hochgiftig. In der richtigen – extrem niedrigen – Konzentration können mit ihren Wirkstoffen allerdings manche Erkältungskrankheiten geheilt werden, weil ein Belladonna-Präparat Ihren Körper anregt, unter anderem etwas gegen große Pupillen und heiße, trockene Haut zu unternehmen: Symptome, die Tollkirschen und manche Erkältungen auslösen. Damit Sie nicht auf die Idee kommen, sich selbst einen Tollkirschen- oder Arsen-Cocktail zu mixen: In Deutschland macht die giftige Substanz nur zwischen 0,0001 und 0,0000000001 Prozent des homöopathischen Präparats aus.

Anfang des 20. Jahrhunderts verlor die Homöopathie viel von ihrem bis dahin guten Ruf. Und die Erfolge der allopathischen Medizin, auch Schulmedizin oder abschätzig Apparatemedizin genannt, schienen den Gegnern homöopathischer Methoden recht zu geben. Ein französischer Arzt machte Homöopathie jedoch in Indien ungeheuer populär – und die Heilmethode hatte dort bald einen überaus prominenten Fan: Mahatma Gandhi. »Homöopathie ist die modernste und durchdachteste Methode, um Kranke ökonomisch und gewaltlos zu behandeln«, schrieb Gandhi im August 1936. »Die Regierung muß sie in unserem Land fördern und unterstützen. Genauso wie mein Prinzip der Gewaltlosigkeit niemals scheitern wird, enttäuscht auch die Homöopathie nie. Aber die Anhänger der Homöopathie könnten infolge falscher Anwendung der homöopathischen Prinzipien versagen. Dr. Hahnemann besaß einen genialen Geist und entwickelte eine Methode, in der es keine Begrenzung gibt, um das menschliche Leben zu retten. Ich verneige mich in Ehrfurcht vor seinem Können und vor dem großartigen humanitären Werk, welches er schuf.« Inzwischen – begünstigt auch durch das Interesse an fernöstlicher Lebensweise, das seit den 60er Jahren in der westlichen Welt wuchs – erfreut sich die Homöopathie hierzulande großer Beliebtheit.

»Ich lasse meine Kinder nur noch mit homöopathischen Arzneien behandeln«

Immer mehr Menschen sind fasziniert von den Möglichkeiten dieser »sanften« Heilmethode – so wie diese junge Mutter zweier Mädchen (zwei und vier Jahre alt), die hier über ihre Erfahrungen mit der Homöopathie berichtet:

»Zur Homöopathie kam ich, als ich im achten Monat mit meiner jüngeren Tochter schwanger war. Ich hatte eine richtig ›schöne‹ Erkältung mit Fieber und Gliederschmerzen, mit Schnupfen und Husten. Mein erster Gang führte mich zu meinem Frauenarzt, aber der konnte mir in diesem Fall nicht weiterhelfen. Daraufhin versuchte ich es beim Kinderarzt meiner ersten Tochter – aber auch das brachte nichts. Inzwischen schon ziemlich verzweifelt, ging ich in eine Apotheke und fragte dort nach einem homöopathischen Mittel gegen meine Erkältung. Die Apothekerin verwies mich an einen praktischen Arzt in der Nähe, der unter anderem auch mit homöopathischen Mitteln arbeitete. Um ehrlich zu sein: Ich wußte damals noch herzlich wenig über die Homöopathie und erwartete von diesem Arzt dieselbe Antwort wie die seiner Kollegen: nämlich, daß er mir als schwangerer Frau nichts gegen die Erkältung verordnen könne. Entsprechend überrascht war ich dann auch, als er mir drei homöopathische Arzneien verschrieb. Am nächsten Tag ging es mir so gut, daß ich meine ältere Tochter wieder versorgen konnte.

Ich fand die homöopathischen Mittel absolut bemerkenswert. Und vor allem schienen sie dem Ungeborenen und mir selbst nicht zu schaden. Aber natürlich sollte man sich während der Schwangerschaft auch bei homöopathischen Mitteln vor der Einnahme mit einem Arzt oder Apotheker absprechen, da es auch hier Arznei gibt, die während der Schwangerschaft nicht eingenommen werden darf.

Nach der beschriebenen ersten Erfahrung mit der Homöopathie kam meine jüngere Tochter zur Welt. Die Entbindung war unproblematisch, und so konnte ich ambulant entbinden. Wir fuhren nach wenigen Stunden zu dritt wieder nach Hause. Im Krankenhaus hatte ich gleich nach der Entbindung Gelegenheit, meine Tochter zu stillen. Schon nach zwei Tagen wurde der schwarze, klebrige Stuhl grünlich und schon bald gelb. Mit dem Stillen klappte es bis zum vierten Tag ausgezeichnet, doch dann wurden meine Brüste groß und hart, die Brust und die Brustwarzen schmerzten, so daß ich richtig Angst vor dem nächsten Stillen hatte. Meine Hebamme gab mir ein homöopathisches Mittel, und die Schmerzen verschwanden. Danach lief alles glatt, bis sich die Kleine einen Schnupfen einfing und ständig eine verstopfte Nase hatte. In der Zwischenzeit hatte ich einige Bücher über die Homöopathie und ihre Anwendungsmöglichkeiten gelesen. Ich war darauf gestoßen, daß eine Arznei helfen konnte, wenn man vor allem nachts unter einer verstopften Nase litt. Ich probierte das auch bei mir selbst aus – mit dem versprochenen Erfolg.

Allerdings sollten Sie nicht die Wirkung einzelner Mittel in den Mittelpunkt stellen – es geht praktisch immer in der Homöopathie um den Menschen als Ganzes. Auch eine Untersuchung durch einen Homöopathen hat den ganzen Menschen und nicht nur die Symptome einer einzelnen Erkrankung im Blick. Auch die Eigenschaften und die Lebensumstände des Menschen spielen eine Rolle.

Als meine Tochter ein paar Wochen alt war, ging es um die Impfungen. Meine ältere Tochter bekam kurz nach der Geburt alle üblichen Impfungen – sie hat dabei aber die ganze Zeit gebrüllt. Über die Vor- und Nachteile dieser frühen Impfungen wurde ich von meinem Arzt leider überhaupt nicht aufgeklärt. Er sagte nur, daß es eben allgemein auf diese Weise gehandhabt werde, um zu erreichen, daß die betreffenden Krankheiten nicht mehr auftreten. Es werde allgemein gut vertragen, es könne nur sein, daß das Kind etwas unruhig reagiere. Er riet mir nur, ihr nach den Impfungen die von ihm verschriebenen Fieberzäpfchen zu geben. Zwei Stunden später brüllte das Kind fast ununterbrochen – was ich auf die Impfungen zurückführe. Erst als ich ihr die Zäpfchen gab, schlief sie ein.

Mein zweites Kind wollte ich nicht auf diese Weise impfen lassen, und erst recht nicht schon im Alter von acht oder neun Wochen. Eine Freundin erzählte mir, daß sogar ihr dreieinhalb Jahre altes Kind noch nicht geimpft sei. Der homöopathische Arzt, den ich daraufhin nun erneut aufsuchte, riet mir, das Kind frühestens im Alter von neun Monaten impfen zu lassen, wenn sich das Immunsystem des Kindes schon langsam aufbaut und das Mädchen auch vom Körpergewicht her fit genug für die Belastung durch die Impfung ist. Schließlich ließ ich meine Tochter zwölf Monate nach der Geburt homöopathisch gegen Tetanus und Polio impfen.

Was mich am Kinderarzt meiner Töchter am meisten störte, war, daß er mir die homöopathische Alternative zur herkömmlichen, sogenannten allopathischen Impfung überhaupt nicht aufzeigte. Ich lasse meine Kinder heute nur noch mit homöopathischen Arzneien behandeln und habe dabei immer sehr gute Erfahrungen gemacht. Die Homöopathie macht ja nichts anderes, als die körpereigenen Selbstheilungskräfte zu aktivieren. Deshalb muß man dem Körper auch die Chance geben, sich zu erholen – und mit einer Erkältung gehöre ich dann eben ins Bett. Natürlich braucht man zuerst Vertrauen in diese Form der Medizin – und dieses Vertrauen muß mit der Zeit wachsen. Früher habe ich meiner Tochter bei 40 Grad Fieber natürlich ein Fieberzäpfchen gegeben, vor allem, wenn sie dann auch noch zu fantasieren begonnen hat. Heute bekommen die beiden Kinder bei Fieber Belladonna – danach haben sie zwar noch Fieber, aber sie fantasieren nicht mehr, schlafen ein und können sozusagen im Schlaf gesund werden. Heute weiß ich, daß es nicht unbedingt gut sein muß, möglichst schnell das Fieber zu senken – denn genau das Fieber ist die einzige Möglichkeit des Körpers, sich gegen Viren zu verteidigen: Die meisten Viren sind hitzeempfindlich. Und das ist einer der Punkte, der mir an der homöopathischen Medizin so imponiert: Da werden nicht die Symptome – wie Fieber – beseitigt, sondern die Auswirkungen der Symptome gelindert und der Körper darin unterstützt, sich selbst zu heilen.«

Info! Homöopathie und Schulmedizin müssen keine Gegensätze sein: Viele Schulmediziner gehen heute ähnlich vor wie Homöopathen – oft können sich beide Heilmethoden ausgezeichnet ergänzen. Sprechen Sie Ihren Arzt ruhig auf dieses Thema an.

Wo kann Ihnen die Homöopathie während Ihrer Schwangerschaft gute Dienste leisten? Einige mögliche Anwendungsgebiete:

Homöopathische Mittel für Schwangerschaft und Geburt

Die Homöopathie kann für die Schwangere viel tun. Es geht aber in erster Linie darum, daß Sie während der Schwangerschaft auf Ihren Körper hören, daß Sie »aus dem Bauch heraus« leben. Sie sollten Horrorgeschichten von komplizierten Entbindungen ignorieren und sich keine Ängste einreden lassen. Eine Geburt ist schmerzhaft – aber Sie werden mehr Schmerzen empfinden, wenn Sie verkrampft und verängstigt an die Entbindung herangehen. Es gibt zahlreiche homöopathische Mittel, die Ihr seelisches Gleichgewicht wiederherstellen und Ihre Ausgeglichenheit stärken können.

Homöopathische Vorsorge-Untersuchungen

Homöopathen erfahren durch Abtasten des Mutterleibes viel über das Kind, über die Stellung und halten weniger von technischen Untersuchungsmethoden wie Ultraschall, CTG und Fruchtwasser-Analyse. Natürlich wird auch ein guter Frauenarzt durch das Abtasten Ihres Bauches viel über Ihr Kind erfahren.

Medikamente während der Schwangerschaft

Der homöopathische Arzt zielt bei seiner Behandlung nicht nur auf Ihre Beschwerden, sondern verschreibt Ihnen ein Medikament, das auch dem Ungeborenen nützt – allerdings sollten Sie ihn nach etwaigen allergischen Reaktionen fragen. Die Art des Mittels hängt – wie bereits als typisch für die Homöopathie beschrieben – von vielen Aspekten ab. So ist für die Wahl des richtigen Medikaments gegen Übelkeit unter anderem wichtig: Ist Ihr Gesamtzustand eher schwach und kränklich? Sind Sie verbissen oder aufgeschlossen, strahlen Sie Heiterkeit oder Sarkasmus aus, sind Sie gestreßt? Und wie sind die Symptome Ihrer Übelkeit? Müssen Sie sich zum Beispiel immer zur selben Zeit übergeben?

Die homöopathische Geburtsvorbereitung

Homöopathen empfehlen während der Schwangerschaft regelmäßige Spaziergänge, Schwimmen, Yoga und Geburtsvorbereitungskurse. Aber Hand aufs Herz: Hier weichen die Ratschläge der

Homöopathen nicht von denen vieler Schulmediziner ab – und nicht von dem, was Sie sich »aus dem Bauch heraus« selbst geraten hätten. Außerdem soll auf eine ausgeglichene Ernährung geachtet werden. Speziell kurz vor der Geburt soll auf Kaffee, Tee, Alkohol und scharfe Gewürze verzichtet werden. Die 1952 verstorbene Ärztin Dorothy Shepherd, die sich nach einigen Jahren, enttäuscht von der Schulmedizin, der Homöopathie zuwandte, empfahl sogar, eine strenge »lactovegetabile« Diät (Obst, Gemüse, Milchprodukte) während der Schwangerschaft einzuhalten. Sie selbst hatte in vielen Fällen beobachtet, daß die Entbindung nach einer solchen Diät schmerzloser, unkomplizierter und schneller vor sich ging.

Homöopathische Impfungen

Zwar entspricht die heute übliche Praxis der Impfungen – die Abwehrkräfte des Körpers durch dosierte »Vergiftung« zu stimulieren – im Prinzip dem Grundgedanken der Homöopathie. Doch Gegner der allopathischen Impfmethoden bemängeln, daß die Dosierung der verabreichten Mittel viel zu hoch sei und beispielsweise eine Grippe-Impfung für zwei Patienten exakt gleich ausfalle, obwohl beide Patienten völlig unterschiedliche Lebenssituationen oder Konstitutionen haben können.

Im Prinzip funktionieren homöopathische Impfungen wie allopathische – Befürworter der homöopathischen Methode sind jedoch überzeugt, daß mit homöopathischen Verfahren das körpereigene Immunsystem sanfter angeregt wird. Dazu wird Sie der homöopathische Arzt auch vor einer Impfung sehr eingehend untersuchen. Zu den Krankheiten, gegen die eine homöopathische

Impfung möglich ist, zählen Scharlach, Keuchhusten, Diphtherie, Polio, Röteln, Masern, Mumps und Tetanus – doch nicht jede mögliche Impfung ist auch notwendig und sinnvoll. Ein Beispiel dafür, wie knifflig die Entscheidung für oder gegen eine Impfung sein kann, sind Röteln: Normalerweise wird jedes Mädchen, das bis zum 14. Lebensjahr noch nicht an Röteln erkrankt ist, gegen diese Krankheit geimpft. Man will mit der Impfung hauptsächlich verhindern, daß Röteln während der Schwangerschaft ausbrechen und daß es dadurch zu Mißbildungen des Embryos kommt, die so schwer sein können, daß Ihr Kind nicht lebensfähig ist. Viele Homöopathen sind dagegen überzeugt, daß die möglichen Folgen dieser Impfung (Rheuma, Arthritis, Leber- und Herzerkrankungen) schlimmer seien als die Krankheit an sich.

Die Entbindung

Die Entbindung kann ebenfalls unter homöopathischer Betreuung stattfinden. Die Geburt kann beispielsweise durch Belladonna weniger schmerzhaft werden. Sie sind dennoch bei vollem Bewußtsein. Außerdem haben Homöopathen sehr gute Erfahrungen mit Calendula-Tinktur als Antiseptikum und Arnica zur inneren Einnahme nach Rissen gemacht. Es wurde schon beobachtet, daß der Heilungsprozeß durch diese alternativen Mittel beschleunigt wurde und daß sich die Frau auch schneller wieder wohl fühlte. Viele Homöopathen empfehlen eine Hausgeburt, unter anderem wegen der ersten Eindrücke des Neugeborenen, die zu Hause ja tatsächlich freundlicher und wärmer ausfallen dürften als in einem noch so heimelig eingerichteten Kreißsaal.

Die nachgeburtliche Versorgung

Auch in der nachgeburtlichen Versorgung kann die Homöopathie zu Ihrem Wohlbefinden und dem Ihres Kindes beitragen. Als wichtig sehen Homöopathen aber auch einen natürlichen Vorgang an, für den Sie keine Arznei brauchen: Nehmen Sie Ihr Baby sofort nach der Entbindung an Ihre Brust und lassen es saugen. Dadurch werden Hormone ausgeschüttet, die eine Rückbildung des Uterus bewirken und auch helfen sollen, die Nachgeburt leichter auszutreiben. Verzögert sich diese Ablösung des Mutterkuchens (als normale Zeitspanne gelten zehn bis 15 Minuten nach der Geburt) sollen Sepia, Pulsatilla oder Nux Vomica helfen – die unterschiedlichen Symptome, die mit der Verzögerung einhergehen, entscheidend für die Wahl des Medikaments.

 Wichtig ist natürlich auch in der Homöopathie ein Grundsatz, wie er unverändert auch für die Schulmedizin gilt: Kaufen Sie sich nicht irgendein Mittel, das Sie für heilsam halten, und laborieren einfach drauflos – dazu ist Ihre Gesundheit ein viel zu kostbares Gut.

Milchanregend sind Gerste, Brennessel, Anis, Fenchel, Kümmel – und die »Milchbildungskügelchen« (*Rezept siehe Seite 162*), Anfangs kann der Milcheinschuß schmerzhaft sein, aber das legt sich meist nach dem ersten Stillen. Sollte es zu einer Brustentzündung mit stechenden Schmerzen, Fieber und Verschlimmerung bei Bewegung kommen, empfehlen Homöopathen die Arznei Bryonia.

Sprechen Sie mit Ihrem Arzt – oder mit einem Schulmediziner *und* einem Homöopathen –, und stimmen Sie die Art der Behandlung und der einzusetzenden Arzneien ab. Sie werden sehen: Wenn Sie von Ihrem Arzt nicht verlangen, daß er Sie innerhalb von wenigen Stunden von möglichst allen Symptomen einer Krankheit befreit, sondern daß er Ihrem Körper Gelegenheit, Ruhe und Zeit gibt, sich selbst zu heilen, geben Sie sich selbst die Chance auf eine wesentlich sanftere Medizin.

Rezept für Milchbildungskügelchen

250 g Weizen

150 g Gerste

100 g Hafer

eine Handvoll Cashewnüsse

150 g Butter

150 g Muscovadozucker oder Ursüße

Milchbildungskügelchen stammen aus Indien und werden dort auch heute noch häufig verwendet. Sie sollten aber nicht mehr als drei Stück pro Tag einnehmen. Das Getreide wird fein gemahlen. Rösten Sie das Mehl mit den gehackten Cashewnüssen in einem Topf an, bis die Mischung leicht braun wird und stark duftet. Geben Sie jetzt die Butter dazu und rühren Sie weiter, bis die Butter ganz geschmolzen ist. Als letztes fügen Sie den Muscovadozucker oder die Ursüße dazu und nehmen den Topf zehn bis 15 Sekunden später vom Herd. Um die Kugeln gut formen zu können, geben Sie zwei bis drei Eßlöffel Wasser hinzu. Formen Sie die Kugeln, solange die Masse noch warm ist. Die Kugeln sollten einen Durchmesser von 2,5 bis 3 Zentimetern haben.

Und wie geht's der Mutter?

Schönheit
und Pflege

Während Ihrer Schwangerschaft werden Sie vielleicht in Phasen geraten, in denen Sie sich gegenüber Ihrem Kind zurückgesetzt fühlen. Ihr Frauenarzt untersucht Sie zwar regelmäßig – aber letztlich geht es vor allem um Ihr Baby und um die Begleitumstände seiner Geburt. Auch Ihr Partner wird Ihnen nun mehr Aufmerksamkeit schenken – aber auch er ist natürlich ganz besonders von der Tatsache fasziniert, daß in Ihrem Körper das gemeinsame Kind heranwächst.

Zu der möglichen seelischen Belastung kommen auch noch sichtbare Folgen der Schwangerschaft hinzu, die mit dem weit verbreiteten Schönheitsideal der schlanken und sorgfältig geschminkten Frau nicht unbedingt zu vereinbaren sind.

Der beste Weg wäre natürlich, daß Sie sich um ein solches Ideal erst gar nicht scheren – doch das ist manchmal leichter gesagt als getan und kann schon außerhalb der Schwangerschaft mühsam sein. Wenn Sie aber darunter leiden, daß Ihr Äußeres und Ihr Alltag von Ihrem ungeborenen Kind dominiert werden, nehmen Sie einfach einmal einen »Kurzurlaub«: Entspannen Sie sich, lesen Sie ein gutes Buch (das nichts mit Schwangerschaft zu tun hat), pflegen Sie Ihre Haut (einfach, damit Sie sich wohl fühlen), werfen Sie sich in Schale, und gehen Sie mit Ihrem Partner aus.

Höre ich da Einschränkungen? »Wo soll ich denn mit meinem Sackkleid schon hingehen?« Oder: »Welche Schönheitspflege kann unter diesen Umständen nützen?« Schauen Sie sich um, lassen

Sie sich beraten – und Sie werden feststellen, daß Sie sich nicht monatelang mit fahler Haut in einer geblümten Kittelschürze verstecken müssen.

Schön sein in der Schwangerschaft

»Bedingt durch die hormonelle Umstellung verändert sich bei schwangeren Frauen das Hautbild«, erklärt Isolde Wöhrle-Nachtrieb, Geschäftsführerin einer Parfümerie in der Nähe von Stuttgart und Mutter zweier Söhne. »Es gibt zwar keine spezielle Pflegeserie für Schwangere – aber es gibt generell Kosmetika für empfindliche Haut.« Da unsere Haut heutzutage auch durch Umwelteinflüsse strapaziert wird, bieten ohnehin viele Herstellerfirmen eine breite Palette von Produkten für sensible Haut an.

Bei der Pflege Ihrer Haut sollten Sie vor allem zwei Punkte beachten, die speziell mit der Schwangerschaft zu tun haben:

✘ Falls Sie Probleme mit Orangenhaut haben, sollten Sie unbedingt alle straffenden Körperprodukte weglassen.

✘ Ihre Haut muß generell elastisch bleiben – da helfen entsprechende Cremes. Durch Hautpflege können Sie auch der Bildung von Schwangerschaftsstreifen vorbeugen. Dazu gibt es spezielle Schwangerschaftscremes, die Sie regelmäßig in die betreffenden Stellen einmassieren sollten – damit am besten möglichst bald beginnen.

Ansonsten sollten Sie auf die leichte Verträglichkeit der Kosmetikprodukte achten. »Die schwangere Haut stellt nicht unbedingt besondere Anforderungen«, sagt auch Doris Fuldauer vom Kosmetikhersteller Estée Lauder. »Wichtig ist, daß man die eigene

Haut gut beobachtet und auf die jeweiligen Bedürfnisse eingeht. Manche Haut wird in der Schwangerschaft trockener, andere wird fettiger, neigt zu Unreinheiten oder wird durch die Schwangerschaft schöner als je zuvor.« Ihr Tip: »Wichtig ist, daß man gute Öle verwendet, um die Haut elastisch zu halten – zum Beispiel Weizenkeimöl.« Und sind Parfüms verboten? »Ach was«, meint sie. »Es hat noch keinem Kind geschadet, wenn die Mutter gut riecht.«

Auch Virginie Dieudonne von Lancôme empfiehlt Schwangeren, Produkte für empfindliche Haut zu verwenden. »Wir haben nur ein einziges Produkt in unserem Programm, das speziell für Schwangere entwickelt wurde. Es heißt ›Biovergitures‹, ist für die schwangere Haut in den sogenannten Risikozonen wie Brüste, Schenkel und Bauch gedacht und verhindert Dehnstreifen.«

Schwanger und schick

Mode für Schwangere? Das ist längst nicht mehr nur das sackförmige Übergrößenkleid – sogar Haute Couture für schwangere Frauen wird gelegentlich vorgestellt. Doch auch zu erschwinglichen Preisen ist flotte Mode für Schwangere zu bekommen. »Wir machen junge Mode für Schwangere – schließlich werden ja auch meistens junge Frauen schwanger«, meint Erika Bauerle vom Umstandsmoden-Produzenten Linique. »Warum sollen diese Frauen während der Schwangerschaft anders aussehen müssen als sonst? Wir machen auch Jeans und Unterwäsche – da gibt es eigentlich keine Einschränkung. Wir verwenden ganz normale Farben und Stoffe, denn auch Nichtschwangere wollen ja keine Chemie auf der Haut tragen.« Und eines dürfe man nie vergessen: »Eine schwangere Frau ist eine ganz normale junge Frau – sie legt lediglich in bestimmten Zonen etwas zu.«

»Von uns gibt's alles – vom Kostüm bis zur sportlichen Oberbekleidung«, sagt Ruth Pinsker vom Hersteller Liana Umstandsmoden. »Die jeweilige Mode läßt sich generell sehr gut mit den Anforderungen der Schwangerschaft verbinden. Farben und Stoffe sind da ganz ähnlich – wir besuchen ja auch dieselben Stoffmessen wie die anderen Hersteller. Wir achten vielleicht etwas mehr darauf, daß man die Kleidung gut waschen kann – man schafft ja für die Zeit der Schwangerschaft vermutlich nicht so viele Kleidungsstücke an.« Praktisch soll die Kleidung also sein – und schick? »Natürlich! Wir machen auch festliche Kleidung, sehr elegante Sachen. Man will ja auch mal auf einen Ball gehen. Außerdem führen wir auch Brautmoden – schließlich gibt es ja auch schwangere Bräute. Wie gesagt: Wir machen alles, arbeiten es aber etwas anders aus – eine schwangere Frau muß eben ihren Bauch unterbringen können.«

Entspannungstips für die werdende Mutter

Damit Sie nicht nur äußerlich, sondern auch im Inneren schön sind, sollten Sie sich immer wieder einmal ein paar Streicheleinheiten für die Seele gönnen. Eine Massage kann zum Beispiel Wunder wirken – und auch Ihre Laune schlagartig verbessern. So kann Ihr Partner mit den Fingerspitzen ganz vorsichtig gegen Ihre Schläfen drücken und so innere Verspannungen lösen. Auch eine gelockerte Nackenmuskulatur – er kniet hinter Ihnen, streicht mit den Daumen in Kreisbewegungen von der Nackenmitte aus allmählich nach oben – kann Ihnen ohne großen Zeitaufwand Erleichterung verschaffen.

Sie können sich natürlich auch selbst massieren. Oft sorgen schon kleine Übungen für wohltuende Entspannung: Schließen Sie die Augen, und drücken Sie die Fingerspitzen etwa eine Minute lang ganz leicht gegen die Schläfen. Gegen Schwangerschaftsstreifen kann Zupfmassage helfen – dazu fassen Sie vorsichtig etwas Haut, ziehen sie leicht zu einer kleinen Falte hoch und kneten sie sanft mit Ihren Fingern.

Solche und ähnliche Tips werden Sie auch während des Geburtsvorbereitungskurses kennenlernen. Sollten Sie noch keine Erfahrung mit Yoga haben, wäre jetzt vielleicht der richtige Zeitpunkt, einen Yoga-Kurs zu besuchen – fragen Sie Ihren Frauenarzt oder Ihre Krankenkasse, ob in Ihrer Nähe ein Kurs angeboten wird, der sich für Schwangere eignet.

Der Countdown beginnt

Wo und wie bringe ich mein Kind zur Welt?

Schon die Frage in der Überschrift sollte Ihnen deutlich machen, worum es geht: Sie sind schwanger – nicht Ihr Arzt oder Ihre Hebamme. Und da Sie als werdende Mutter natürlich das Beste für Ihr Kind wollen, ist Ihnen auch die letzte Entscheidung darüber überlassen, wo Sie entbinden wollen: zu Hause oder im Krankenhaus.

Es gibt eine Menge Gründe für oder gegen jede der beiden Möglichkeiten. Für eine Geburt in der Klinik sprechen unter anderem die umfassenderen medizinischen Möglichkeiten für den Fall, daß Komplikationen auftreten – für eine Hausgeburt der Umstand, daß Sie sich möglicherweise in den eigenen vier Wänden wohler fühlen als in einem Krankenzimmer, im Kreißsaal oder im Warteraum. Ob Sie eine ambulante Niederkunft – Entbindung im Krankenhaus, wenige Stunden später nach Hause – für den richtigen Kompromiß halten, liegt bei Ihnen.

Info! **Krankenkassen bieten Informationen zum Thema an. Auch Ihr Arzt und Ihre Hebamme können Sie beraten.**

Auf jeden Fall sollten Sie sich die Argumente Ihres Frauenarztes zu diesem Thema anhören. Sie sollten ihn auch fragen, warum er die eine oder die andere Variante in Ihrem Fall für die bessere hält. Dann können Sie selbst entscheiden. Allerdings sollten Sie sich frühzeitig entscheiden – denn nicht jede gewünschte Variante kann innerhalb kurzer Zeit verwirklicht werden.

Zuvor sollten Sie sich über beide Varianten informieren. Sprechen Sie mit Ihrer Hebamme über Vorzüge und Risiken einer Hausgeburt. Fragen Sie Ihren Frauenarzt, welche Kliniken er kennt (offiziell empfehlen darf er Ihnen eine Klinik laut Gesetz nicht), und sehen Sie sich das Krankenhaus daraufhin an. Es gibt inzwischen zahlreiche Kliniken, deren Personal Ihnen den Aufenthalt durchaus angenehm machen kann. Vergessen Sie nicht: Schwangerschaft und Geburt sind keine Krankheit – und viele Schwestern und Pfleger lassen die frischgebackenen Mütter spüren, wie sehr sie selbst noch von der Geburt eines neuen Menschen fasziniert sind.

Ein wichtiger Aspekt für den Ort der Entbindung ist natürlich auch die Methode, nach der Ihr Kind zur Welt kommen soll. Auch dazu können Sie sich im Gespräch mit Frauenarzt oder Hebamme informieren, und entsprechend arbeitende Kliniken stellen Ihnen gerne zusätzliches Informationsmaterial zur Verfügung. Unter anderem gibt es folgende Möglichkeiten:

Kontrollierte Geburt

Diese Form ist am weitesten verbreitet. Sie werden ins Krankenhaus eingeliefert und kommen, wenn Ihre Wehen im entsprechend fortgeschrittenen Stadium sind, in einen Warteraum. Diese Zimmer sind eine Mischung aus normalem Krankenzimmer und intensiver Beobachtungsstation. Sollte die Geburt nach einiger Zeit nicht von sich aus beginnen, wird Ihnen eventuell eine Infusion angelegt, die die Geburtswehen einleitet. Schließlich werden Sie in den Kreißsaal gebracht, der heutzutage oft nichts mehr mit einem steril ausgeleuchteten, einschüchternden Saal zu tun hat (*siehe Seite 209 f.*).

Meistens handelt es sich dabei um eine kleine Station aus mehreren Krankenzimmern, die durch eine eigene Tür vom Rest der Klinik abgetrennt ist und so die Einhaltung strengerer Hygieneregeln ermöglicht. Im Kreißsaal kommt Ihr Kind schließlich zur Welt.

Aktive Geburt

Hier liegen Sie nicht – wie meist üblich – auf dem Rücken, sondern Sie können sich in dem für die Geburt vorgesehenen Raum frei bewegen und selbst für die tatsächliche Geburt die Stellung einnehmen, die Ihnen am angenehmsten ist. Die Verfechter dieser Geburtsart gehen davon aus, daß Ihr Körper aus uralten Instinkten heraus sehr wohl weiß, was Ihnen und Ihrem Kind am besten tut. Es scheint auch erwiesen, daß Wehen im liegenden Zustand länger dauern und daß Sie in hockender Stellung weniger Schmerzen spüren. Im Zuge der aktiven Geburt kam in den vergangenen Jahren auch der Gebärstuhl wieder in Mode: Mit Hilfe dieser niedrigen Stütze hocken Sie aufrecht nur knapp über dem Boden und können die Schwerkraft zur Erleichterung der Geburt nützen.

Wassergeburt

Der Name dieser Methode führt ein bißchen in die Irre: Die Wassergeburt bedeutet keineswegs, daß Ihr Kind unbedingt unter Wasser zur Welt kommen muß. Sie liegen zwar in einem Geburtspool, doch das lauwarme Wasser, mit dem er gefüllt ist, soll Sie während der Wehen entspannen und die dabei auftretenden Schmerzgefühle lindern. Nicht nur das scheint zu funktionieren: Auch die Dauer Ihrer Wehenphase wird oft verkürzt, und durch eine solche, schneller als erwartet erfolgte Geburt kann es dann auch vorkommen, daß das Kind schließlich tatsächlich im lauwarmen Wasser zur Welt kommt. Dieser oft eher zufällige Nebeneffekt gilt allerdings für viele als die sanfteste Art der Geburt: Das Kind gleitet aus der Fruchtblase in eine ähnlich warme Flüssigkeit und erlebt den Übergang in seinen nächsten Lebensabschnitt schonender – es wird allerdings auch den im Wasser enthaltenen Bakterien ausgesetzt.

Partnergestützte Geburt

Dabei assistiert Ihnen während der Geburt neben den professionellen Geburtshelfern ein Mensch, der Ihnen nahe ist und der Sie und Ihre Wünsche möglichst gut versteht. Das wird meistens Ihr Partner sein, diese Rolle kann aber ebenso von Ihrer besten Freundin, von Ihrer Schwester oder Mutter übernommen werden. Wichtig ist nur, daß der Mensch, der Ihnen für die Geburt helfen soll, sehr genau weiß, was Sie wollen. Und der Geburtspartner sollte an den Vorbereitungskursen teilgenommen haben, um mit den Möglichkeiten, zum Beispiel Schmerzen durch eine veränderte Stellung zu lindern, vertraut zu sein.

Medizinische Eingriffe während der Geburt

Manchmal sind während der Geburt Eingriffe durch den Arzt nötig, um nachteilige Folgen für Kind und Mutter zu vermeiden.

Falls Sie sich Sorgen machen, daß einer dieser Eingriffe schädlich für Ihr Baby sein könnte, sollten Sie sich während einer der Vorsorge-Untersuchungen mit Ihrem Frauenarzt und rechtzeitig vor der Geburt mit dem Arzt, der Sie entbinden wird, darüber unterhalten – im Kreißsaal bleibt für eine lange Diskussion manchmal nicht mehr die Zeit. Ihr Arzt kann Ihnen gegebenenfalls auch weitere Beratungsstellen nennen. Das Gespräch mit dem Arzt wird Ihnen klarmachen: Viele Eingriffe klingen schlimmer, als sie sind. Einige der möglichen Eingriffe:

✘ Die Amniotomie: Der Arzt öffnet die Fruchtblase, damit das Fruchtwasser abfließen kann. Dieser Schnitt wird sehr oft ausgeführt – fragen Sie Ihren Arzt ruhig, warum er eventuell für nötig gehalten wird. Mögliche Gründe: Anhand des ausfließenden Fruchtwassers kann der Gesundheitszustand Ihres Kindes untersucht werden, es können elektronische Geräte zur Überwachung des Kleinen angebracht werden – und die Zeit bis zur Geburt kann verkürzt werden, weil die Fruchtblase das Baby nun nicht mehr teilweise davon abhält, auf den Muttermund zu drücken.

✘ Die Episiotomie: Dieser Dammschnitt genannte Eingriff soll dem Kopf des Kindes den Weg durch Ihre Scheide erleichtern und kann zum Beispiel verhindern, daß Ihre Scheide oder Ihr Damm während der Geburt einreißen. Dabei wird unter lokaler Betäubung ein kleiner Schnitt am Damm der Scheide angesetzt, der von der Hinterseite der Scheide leicht zur Seite gebogen oder gerade in Richtung des Afters verläuft. Dieser Schnitt ist nicht immer nötig. Wurde bei Ihnen bereits für eine frühere Geburt ein Dammschnitt vorgenommen, brauchen Sie möglicherweise nicht einmal mehr eine lokale Betäubung. Kritiker bemängeln, daß der Dammschnitt viel häufiger eingesetzt wird, als er nötig wäre. Ohne Dammschnitt besteht allerdings die Gefahr, daß Sie nach einem Riß unter lebenslanger Stuhlinkontinenz leiden, Ihren Stuhlgang also nicht zurückhalten können.

✘ Die Geburtszange (manchmal wird statt dessen auch eine Saugglocke verwendet) kann in einigen Fällen von Vorteil sein. Und auch, wenn sie die Geburt »nur« beschleunigen soll, kann das gute Gründe haben – etwa, um eine Gefährdung des Kindes zu vermeiden. Die Geburtszange ist so konstruiert, daß die beiden Löffel die Kopfseiten des Babys eng umschließen, wobei die Ohren bedeckt sind. Für eine Zangenextraktion ist ein Dammschnitt nötig, der in manchen Fällen ziemlich groß ausfällt.

✘ Der Kaiserschnitt: Durch die Möglichkeit, sich in den Vorsorge-Untersuchungen ein recht genaues Bild vom Gesundheitszustand oder der Position des Kindes und von anderen Umständen der Schwangerschaft zu machen, wird oft schon vor der Geburt entschieden, ob dieser Eingriff notwendig ist. Sollte ein Kaiserschnitt erforderlich sein (zum Beispiel weil die Plazenta vor dem Muttermund liegt und dem Kind den Weg »nach draußen« versperrt), können Sie sich eine Vollnarkose geben lassen – oder nur eine regionale Betäubung, um die Geburt Ihres Kindes mitzuerleben. In manchen Kliniken darf auch Ihr Partner während der Operation dabeisein. Falls Sie nicht in Vollnarkose sind, wird während des Eingriffs ein Sichtschutz aufgestellt. Oberhalb Ihres Schambeins wird ein Schnitt in Ihrer Bauchdecke gesetzt, danach wird die Gebärmutter geöffnet, und Ihr Kind wird vorsichtig herausgeholt. Die Operation ist als Eingriff inzwischen praktisch Routine. Die Operationsnarbe verblaßt bald, vielleicht bleibt (nach dem Erwachen aus der Vollnarkose) ein wehmütiges Gefühl zurück, die Geburt Ihres Kindes verpaßt zu haben.

Aktive Vorbereitung: Schwangerschaftsgymnastik

Je besser Sie sich auf die Geburt Ihres Kindes vorbereiten und je früher Sie damit beginnen, desto ruhiger werden Sie dem großen Ereignis entgegensehen können. Das nimmt Ihnen Ängste, die Sie vielleicht bewußt oder unbewußt haben könnten – etwa davor, späteren Stadien der Schwangerschaft, der Geburt selbst oder der anschließenden Rolle als Mutter nicht gewachsen zu sein. Und so kann Ihnen gerade eine gründliche und rechtzeitige Vorbereitung dabei helfen, die faszinierenden Monate vor der Geburt Ihres Kindes unbelastet zu genießen.

 Sie sollten sich von Ihrem Frauenarzt umfassend beraten lassen. Auch verschiedene Organisationen – Adressen finden Sie im Anhang dieses Buches – halten wichtige Informationen etwa über mögliche finanzielle Unterstützung oder über Beratung in Sonderfällen bereit.

Die zentrale Rolle in der Vorbereitung auf die Niederkunft spielt aber sicherlich der Geburtsvorbereitungskurs, oft auch einfach nur Schwangerschaftsgymnastik genannt. Doch dort lernen Sie – wenn es ein guter Kurs ist – weit mehr als nur einige Gymnastikübungen speziell für Schwangere. Natürlich ist es auch wichtig, jene Bewegungen rechtzeitig zu trainieren, die Sie praktisch nur für die Geburt einsetzen. So werden Sie während eines Kurses unter anderem lernen, Ihren Beckenboden zu entspannen. Von den dortigen Muskeln wird die Gebärmutter gehalten und die Scheide geschlossen – nur, wenn diese Muskeln entspannt sind, kann Ihr Kind zur Welt kommen. Die Übung, die Sie lernen, wird etwa so aussehen: Spannen Sie Ihre Schließmuskeln fünf Sekunden lang an, und atmen Sie dabei ganz ruhig weiter, lösen Sie die Anspannung danach ganz bewußt, und atmen Sie langsam aus. Wiederholen Sie die kurze Übung zehnmal. Bevor Sie nun mit hausgemachter Schwangerschaftsgymnastik beginnen: Lassen Sie sich die Übung lieber in einem Geburtsvorbereitungskurs zeigen – denn unter anderem sollten Sie während solcher Übungen die richtige Körperhaltung beachten.

Vermutlich empfiehlt Ihnen die Kursleiterin die Massage des Damms (zwischen Scheide und After) oder demonstriert eine Übung in der Hocke, die Ihnen das »Öffnen« des Beckens zu Beginn der Geburt erleichtert. Sie werden Atemtechniken kennenlernen, die Wehenschmerzen erträglicher machen und die Einleitung der Geburt erleichtern. Doch auch andere Punkte eines Vorbereitungskurses sind wichtig und hilfreich. In Gesprächen mit der Kursleiterin oder Kursteilnehmern erfahren Sie aus erster Hand alles, was Sie rund um Schwangerschaft und Geburt interessiert. Auch die Angst vor den Wehenschmerzen – deren Intensität für Erstgebärende nur schwer einzuschätzen ist – kann Ihnen in diesen Gesprächen genommen werden. Und schließlich können Kurse, an denen Sie gemeinsam mit dem werdenden Vater teilnehmen, Ihrem Partner einen besseren Zugang zur Schwangerschaft ermöglichen.

Geburtsvorbereitungskurse werden nach verschiedenen Methoden abgehalten – je nachdem, welcher Überzeugung Ihre Kursleiterin anhängt. Vier der am weitesten verbreiteten Geburtsphilosophien sind die Lamaze-, die Leboyer-, die Odent- und die Dick-Read-Methode.

Die Lamaze-Methode

Hier stehen Atemtechniken im Mittelpunkt, die gemeinsam mit Entspannung und Massage für eine leichtere Geburt sorgen sollen. Außerdem wird in diese Form der Geburtsvorbereitung der werdende Vater sehr stark mit einbezogen: Er wird so intensiv wie Sie selbst auf die einzelnen Phasen der Schwangerschaft vorbereitet, damit er Ihnen optimal helfen und sogar Ihre Atemtechnik kontrollieren und gegebenenfalls korrigieren kann.

Benannt wurde diese Art der Geburtsvorbereitung nach dem französischen Arzt Lamaze, der vor allem den Einsatz von Betäubungsmitteln und anderen Medikamenten strikt ablehnte. Auf die Idee, mit Atemtechniken das Schmerzempfinden während der Geburt zu vermindern, kam er durch eine Arbeit des russischen Wissenschaftlers Iwan Pawlow.

Das wirkt aus heutiger Sicht nicht sehr schmeichelhaft, denn Pawlow war dadurch bekannt geworden, daß er Hunden beigebracht hatte, auf bestimmte Reize in zuvor festgelegter Weise zu reagieren.

Ein Teilaspekt des Berichts über die berühmten »Pawlowschen Hunde« brachte ihn auf die Idee, mit bestimmten, fast schon ritualisierten Atemtechniken den empfundenen Schmerz während der Wehen und während der Geburt zu verringern.

Heute werden oft nur noch einzelne Elemente der Lamaze-Methode eingesetzt – als Teil von Methoden, die vor allem in Rußland, den USA, Großbritannien und Frankreich sehr beliebt sind. Als eines von Lamazes größten Verdiensten gilt heute die Idee, den werdenden Vater an der Schwangerschaft teilhaben zu lassen.

Die Leboyer-Methode

Auch diese Methode verdankt ihren Namen einem französischen Arzt: dem Gynäkologen Frédérick Leboyer. Seine Überzeugung: Eine Geburt in einem sehr hellen Raum (wie es für Kreißsäle bisher üblich war) sei eine Belastung für das Neugeborene – ebenso wie das Hören menschlicher Stimmen gleich nach der Geburt. Leboyers Schlußfolgerung kurz zusammengefaßt: Eine sanfte und damit ideale Geburt findet in einem abgedunkelten Raum statt, in dem weitgehend Schweigen herrscht – und in dem das Baby Zuneigung durch Berührungen, Gesten und Mimik erfährt.

Alle im Raum befindlichen Personen sollten sich Leboyer zufolge zudem nur möglichst langsam bewegen, und das Neugeborene sollte sofort nach der Entbindung in ein lauwarmes Bad gehoben werden, um das Kind in einen Zustand zu versetzen, der den Monaten zuvor in der Fruchtblase am ehesten entspricht. Leboyers Thesen stützen sich auf die Arbeiten von Psychologen, die viele Probleme im Erwachsenenalter auf traumatische Erlebnisse während der Geburt zurückführen. Allerdings ist die konsequente Umsetzung der Leboyer-Methode sehr umstritten, weil viele Elemente grundsätzlichen Erfahrungen von Geburtshelfern zu widersprechen scheinen.

Die Odent-Methode

Der französische Chirurg Dr. Michel Odent setzt auf eine Geburtsmethode, die seiner Ansicht nach den natürlichen Erfordernissen von Frau und Kind am nächsten kommt. So lehnt er es zum Beispiel strikt ab, daß Frauen mit den Beinen leicht nach oben in Beinschlaufen hängen, weil sie dadurch ihr Kind gegen die Schwerkraft gebären müßten. Odent vertritt die These, Schwangere sollten sich während der Geburt in einen, wie er es nennt, »animalischen Urzustand« zurückversetzen, in dem natürliche Reflexe und Instinkte die Geburt steuern und die Niederkunft so in vielen Fällen weniger schmerzhaft, weniger risikoreich und mit weniger Gefahren für Mutter und Kind verbunden ist. Auch von dieser Methode sind natürlich nicht alle Geburtshelfer überzeugt, doch in seiner eigenen Klinik in Frankreich erreicht Odent tatsächlich einen überdurchschnittlich niedrigen Anteil von Komplikationen während der Geburt.

Die Dick-Read-Methode

Auf eine Mischung von Aufklärung der Schwangeren (als wichtigstem Punkt), Training der Atemtechnik, dem Erlernen von Entspannungsübungen und Gymnastik zum Training der für die Geburt benötigten Muskelpartien setzte der britische Mediziner Dr. Grantley Dick-Read, der in den 30er Jahren seine Idee für eine Geburt ohne Angst und mit möglichst wenigen Schmerzen als einzig naturgemäß propagierte. Mit der Überzeugung, eine gründlich vorbereitete und über die Vorgänge in ihrem Körper informierte Frau käme auch besser mit der Geburt zurecht, prägt Dr. Dick-Read bis heute einen wichtigen Grundsatz der Geburtsvorbereitung.

Geburtsvorbereitungs-kurse: »Eine große Hilfe für jede Schwangere«

Karin, Marketingleiterin, und Michael, Journalist, aus München berichten von ihren Erfahrungen eines Geburtsvorbereitungskurses für Paare.

Ihr Bericht

Als ich im siebten Monat schwanger war, fragte mich meine Frauenärztin, ob ich mich schon für den sogenannten »Geburts-vorbereitungskurs« angemeldet hätte. Wie so oft, seit ich schwanger war, schaute ich sie mit großen Augen an. »Sollte ich das?« fragte ich sie. »Natürlich sollten Sie das«, lachte sie. »So ein Kurs ist eine große Hilfe für jede Schwangere.«

Ich muß vorausschicken, daß ich mich bis zum Moment, in dem bei mir festgestellt wurde, daß ich mit unserer Tochter Pauli-ne schwanger war, nie mit dem Thema »Schwangerschaft« be-schäftigt hatte. Zwar war ich zu jenem Zeitpunkt 34 Jahre alt, aber ich hatte schon vor längerer Zeit stillschweigend für mich selbst beschlossen, mich nicht reproduzieren zu wollen. Sprich: Ich wollte kein Kind.

Das lag daran, daß ich bei der Wahl meiner Partner bislang wenig Glück gehabt hatte. Zumindest konnte ich mir bei keinem dieser Männer auch nur im geringsten vorstellen, daß sie gute Väter für meinen Nachwuchs abgeben würden. Es lag aber auch daran, daß ich in meinem Beruf Karriere gemacht hatte und eine Schwangerschaft sicher einen gewaltigen Einschnitt in dieser Karriere ausgemacht hätte.

Mit Michael war ich zum Zeitpunkt meiner Schwangerschaft erst knapp ein Jahr zusammen. Auch er war nicht unbedingt der Mann, mit dem ich unter allen Umständen Nachwuchs gewollt hätte. Als ich deshalb von meiner Frauenärztin nach einer Routine-Untersuchung eher beiläufig erfuhr, daß ich »in anderen Umständen« war, hatte ich zunächst nur einen Gedanken: »Abtreibung!«

Doch nach einem ausführlichen, herrlichen Gespräch mit Michael, immerhin knapp vier Jahre jünger als ich und ebenfalls recht karrierefixiert, hatte ich mit einemmal die selige Gewißheit: »Ich will es haben, dieses Ding da in meinem Bauch!« Und im Laufe der nächsten Wochen stellte ich mich so gut wie möglich auf meine künftige Rolle als Mutter ein. Aber natürlich: Es gab immer diese beinahe unschuldig-naiven Phasen wie jetzt: »Haben Sie sich schon zu einem Geburtsvorbereitungskurs angemeldet?« Nein, hatte ich nicht. Aber ich würde das nun so schnell wie möglich nachholen.

Ich meldete Michael und mich zu einem »Kurs für Paare« an. Ehrlich gesagt: vor allem aus dem Grund, daß ich zum einen Michael möglichst viel an dem natürlichen Prozeß des Eltern-Werdens teilhaben lassen wollte – zum anderen auch, weil ich mich bislang immer eher unwohl in der Gesellschaft von werdenden Müttern gefühlt hatte. War ja auch klar, denn ich hatte mich in den letzten Jahren in einer vor allem von Männern dominierten Branche durchsetzen müssen, die meisten meiner Freunde wie auch die meisten meiner Geschäftspartner waren Männer, mit »weiblichen« Themen hatte ich bis dato kaum etwas zu schaffen gehabt. Und jetzt also: Geburtsvorbereitungskurs!

Ich hatte Michael und mich bei einer etwas alternativ scheinenden, von der Stadtverwaltung finanziell unterstützten Institution zum Kurs angemeldet – einer Einrichtung namens »Mutter & Kind«. Jeden Mittwoch zwischen 19 und 21 Uhr würden hier sieben Paare Rat und Hilfe für ihre neue Situation finden – »körperlich, seelisch und geistig«, wie der Prospekt verkündet hatte. Sprich: Es ging bei »Mutter & Kind« um »ganzheitliches Denken im Zusammenhang mit Schwangerschaft.« Klang gut – aber auch reichlich abgehoben.

Hingehen wollte ich auf jeden Fall. Wir konnten diesem Kurs immer noch den Rücken kehren, wenn er uns gar nicht zusagte, dachte ich bei mir – schließlich standen uns zehn Doppelstunden bevor.

Der Raum, in dem der Kurs stattfand, war mir etwas zu niedrig und löste erst einmal leicht klaustrophobische Gefühle aus. Außerdem hatte er den Charme einer mit Teppich ausgelegten Turnhalle – und roch auch so ähnlich, was unter Umständen daran lag, daß sämtliche Kursteilnehmer gebeten wurden, ihre Schuhe draußen vor der Tür zu lassen. Ansonsten war die Kleiderordnung wie folgt: bequem, möglichst Trainingsanzug, lässig. Man sollte hier nicht frieren, aber man sollte – trotz gewölbten Bauchs bei den weiblichen Kursteilnehmerinnen – sich dennoch in seiner Kleidung bewegen können.

Unsere Kursleiterin war eine Frau Mitte 40, die sich uns als Bettina vorstellte. »Ich bin«, sagte sie, »diplomierte Psychologin und auch gelernte Kinderkrankenschwester. Außerdem habe ich selbst zwei halbwüchsige Kinder. Ich denke also, daß ich euch bei so ziemlich allen Fragen rund um die Schwangerschaft tatkräftig zur Seite stehen kann.«

Bettina duzte uns vom ersten Augenblick an und legte Wert darauf, daß wir uns untereinander duzten. »Das verschafft uns allen«, begründete sie diese Entscheidung, »ein zusätzliches Gefühl von Nähe. Ich denke, ihr alle seid in einer emotionalen Ausnahmesituation. Da tut euch jedes Mehr an Freundschaft und Nähe und jeder Mangel an Distanz gut. Das könnt ihr mir schon glauben.«

Wir sieben Frauen saßen im Kreis um unsere Kursleiterin herum, zum Teil an unsere Männer gelehnt, zum Teil auf wohlige Kissen gebettet, die wir unter unsere dicken Bäuche geschoben hatten. Vor uns hatte Bettina Pappkärtchen ausgebreitet, auf die verschiedene Begriffe geschrieben worden waren. Dinge wie »Angst«, »Mut«, »Fantasie« oder »Kind-Sein« – aber auch ganz konkret eine Schwangerschaft betreffende Worte wie »Mutterschaftsurlaub«, »Kaiserschnitt« oder »Gestose«.

»Ich möchte jetzt«, hob Bettina an, »daß sich jede und jeder von euch ein Kärtchen schnappt, mit dem Begriff darauf, der euch spontan ins Auge sticht. Irgendein Begriff, der mit eurem Innersten wie mit eurer derzeitigen Situation zu tun hat. Und danach stellt ihr euch bitte den anderen Kursteilnehmern vor und erklärt, warum ihr ausgerechnet diesen Begriff und keinen anderen gewählt habt.«

Ich schnappte mir den Begriff »Angst«. Als die Reihe an mir war, mich vorzustellen und mich zu erklären, betonte ich zunächst eher sachlich, daß ich tatsächlich aus vielerlei Gründen »Angst« verspürte, was meine derzeitigen Umstände anging:

Angst vor der Entbindung ganz allgemein. Angst davor, als Mutter zu versagen. Angst vor Entbindungsschmerz. Angst davor, daß Michael mich eines Tages vielleicht verlassen und ich als alleinerziehende Mutter zurückbleiben könnte. Ich spürte nach kurzer Zeit, daß ich offensichtlich in der Tat den für mich richtigen Begriff gewählt hatte, spürte, daß ich mich ziemlich in diesen Begriff hineinsteigerte. All die Ängste der letzten Monate krochen jetzt in mir hoch, und ich ließ ihnen auf einmal freien Lauf. Und das vor einer Handvoll Menschen, die ich noch nie zuvor gesehen hatte.

Nach vielleicht zehn Minuten hatte ich mich ausgelassen, holte tief Luft und sagte: »Danke fürs Zuhören.« Manche Kursteilnehmer nickten mit den Köpfen, manche lachten mir aufmunternd zu, vereinzelt wurde gar applaudiert. Vermutlich hatte ich mit meiner Rede etwas ausgesprochen, was in den Köpfen der meisten hier im Raum präsent war. Ich jedenfalls fühlte mich ausgesprochen erleichtert. Ich spürte bereits jetzt, daß dieser Kurs etwas in mir zum Schwingen brachte, daß er mir garantiert eine gute Hilfe sein würde, um mich auf meine neue Situation besser einstellen zu können.

Nachdem jeder von uns sich vorgestellt und den anderen seinen Begriff aus persönlicher Sicht nähergebracht hatte, läutete Bettina eine erste Entspannungsphase ein. »Ich glaube, die haben wir uns jetzt verdient«, grinste sie.

Während dieser nächsten Phase des Kurses wurde mir auch endgültig klar, warum es gut war, Michael an meiner Seite zu haben – jetzt war die Reihe an den Männern, ihren Frauen Gutes zu tun. Wir Mädels mußten nichts anderes machen, als uns zu entspannen, die Jungs lernten von Bettina, wie sie uns zu massieren hatten, damit wir während der Entbindung gelassener wurden. »Geburtseinleitende Massage« nannte sich dieser Vorgang. Wir Frauen hatten vorrangig auf eine tiefe, geregelte Atmung zu achten. Und ansonsten sollten wir uns, so Bettina, »schlicht und ergreifend wohl fühlen«. Damit hatte ich nun gar keine Probleme. Vor allem deshalb nicht, weil Michael ein gelehriger Schüler war und seine neue Aufgabe wirklich gut erfüllte.

Auch die nächste Phase des Kurses – inzwischen waren rund 45 Minuten vergangen – diente der Entspannung, diesmal allerdings für Männer wie Frauen. Denn jetzt galt es, sich völlig auf seine Atmung zu konzentrieren, wir Kursteilnehmer sollten unsere Augen schließen, und Bettina erzählte währenddessen mit beruhigender Stimme, in welchen Teil des Körpers wir unsere Atmung »schicken« sollten, damit die »geistigen Batterien« sich optimal aufluden. Auch diesen Teil des Kurses genoß ich sehr, weil ich während dieser Art Meditation spürte, wie nach und nach die unterschiedlichsten Lasten von meinem Körper abfielen. Ich war richtiggehend benebelt, als Bettina uns bat, die Augen zu öffnen, damit wir mit anderen Übungen fortfahren konnten. Diese Atemübungen haben mir außerordentlich gutgetan.

Als nächstes stand »Gedankenaustausch rund um die Schwangerschaft« auf der Tagesordnung. Auch dieser sehr praktisch ausgerichtete Teil des Kurses war recht hilfreich für mich. Schließlich bin ich ein stark rational veranlagter Mensch und dadurch für alle rationalen Tips von Menschen, die sich in ihrem Job auskennen, dankbar.

Und Bettina erfüllte ihren Job gut! Ich merkte, daß die meisten Frauen ähnliche Sorgen und Probleme mit sich herumschleppten wie ich. Wir alle hatten etwa Angst vor einem frühzeitigen Abgang, vor der Wahl der richtigen Entbindungsklinik, vor allmächtigen Ärzten, vor diesem ganzen mysteriösen Vorgang namens »Schwangerschaft« im allgemeinen. Während die Männer immer nur stammelten, wie sie uns um Gottes willen am besten helfen könnten, hatten wir Frauen doch ziemlich konkrete Fragen an Bettina.

Sie beantwortete bereitwillig alles, was wir wissen wollten – und gab uns dadurch einerseits einen hohen Stapel an Anregungen und Überlegungen mit nach Hause, nahm uns aber auch eine Menge Furcht vor Problemen, die zunächst riesig erschienen waren und von ihr jetzt auf ein Normalmaß zurückgestutzt wurden. Nur über ein Thema sprach Bettina eher wortkarg – den Kaiserschnitt.

»Das ist«, erklärte sie uns, »eigentlich nicht meine Aufgabe. Ziel des Kurses ist, daß ihr alle auf natürlichem Weg eure Babys zur Welt bringt. Ansonsten müßte ich euren Männern doch nicht erklären, wie sie während der Entbindung etwas für euch tun können. Das alles brauchen sie dann nämlich nicht zu wissen, wenn sie während eines Kaiserschnitts nicht an eurer Seite sein dürfen.«

Auch über das Thema »Frühgeburt« wollte Bettina höchstens ganz am Rande sprechen. »Bei diesem Thema«, zuckte sie etwas hilflos mit den Schultern, »kann ich euch ebensowenig helfen. Kinder kommen dann auf die Welt, wenn sie glauben, daß es die richtige Zeit für sie ist. Darauf vorbereiten im Rahmen meines Kurses kann ich euch allerdings nicht. So leid mir das tut.«

Trotz solch – in meinen Augen – kleiner Unverständlichkeiten möchte ich an dieser Stelle darauf hinweisen, daß dieser Kurs für mich eine große Bereicherung war. Bietet er doch eine extrem an-

genehme Mischung aus beratendem Gespräch, Meditation, Angst-
reduzierung, angeregter Diskussion, Entspannung und menschli-
chem Miteinander von Leuten in derselben Situation. Wir alle
schleppten bohrende Fragen, Sorgen und einen großen Packen an
Unsicherheit mit uns herum. Und dann war da jemand, der uns
auf einen besseren Weg brachte. Ich glaube, als Schwangere
wünscht man sich nichts sehnlicher als das – die »große, ver-
ständnisvolle Schwester«, die auf alle Fragen die richtige Antwort
weiß.

Zum Abschluß unserer ersten Kurs-Doppelstunde rollten sich
die Teilnehmer gegenseitig – und immer schneller werdend – einen
riesigen Gummiball zu und mußten dabei den Namen des Gegenüber nennen. »So wissen wir wenigstens«, kicherte Bettina, »mit
wem wir es zu tun haben.« Auch das war keine schlechte Übung
für mich – ich habe nämlich ein miserables Namensgedächtnis.
Doch am Ende des ersten Treffs konnte ich die Gesichter und Namen der Kursteilnehmer problemlos zusammenbringen.

Ja, ich freute mich jeden Mittwochabend auf unseren Kurs!
Der Ablauf dieser zwei Stunden unterschied sich zwar nicht son-
derlich voneinander, aber das war – denke ich – allen Beteiligten
nur recht. Denn gerade als Schwangerer ist dir nichts verhaßter
als Unregelmäßigkeit. Inzwischen hatte ich die »mit Teppich aus-
gelegte Turnhalle« jedenfalls schätzengelernt. Es ging hier darum,
sich konkret und dennoch relaxt mit diesem Ding namens
»Schwangerschaft« auseinanderzusetzen – und zwar in der Tat
geistig, körperlich und seelisch. Denn was ist eine Schwangerschaft anderes als eine ganzheitliche Angelegenheit?

Schon beim zweiten Mal war mir dieser Kurs eine vertraute
Angelegenheit, der mir – die ich nach wie vor rund zehn Stunden

täglich arbeitete – der willkommene Anlaß war, mich ausführlich mit meinem werdenden Baby auseinanderzusetzen. Ich denke, das ist auch der wichtigste Aspekt eines solchen Kurses: daß du neben praktischen Tips für die Entbindung ein Gefühl für deine Situation bekommst und lernst, damit natürlich umzugehen.

Außerdem habe ich eine stetige Entwicklung an mir festgestellt: Je mehr Kursstunden Michael und ich besuchten, desto liebevoller und vertrauter wurde unser Umgang miteinander, körperlich wie verbal. Es wurde gar zur Routine, daß wir uns immer nach dem Kurs in ein um die Ecke liegendes Lokal zurückzogen, um über das soeben Gehörte und Gelernte zu plaudern. Was also zuvor nur als vage Vorstellung in unseren Köpfen existiert hatte, wurde im Laufe der Mittwochabende (und natürlich nicht nur da) zu einer »handfesten Angelegenheit«. Und ich denke, auch dafür ist so ein »Geburtsvorbereitungskurs« von entscheidendem Wert. Ich verstehe jetzt jedenfalls den Satz meiner Frauenärztin um einiges besser: »Dieser Kurs ist eine große Hilfe für jede Schwangere.« In der Tat!

Sein Bericht

Nein, begeistert war ich nicht besonders, als Karin mir eines Abends unterbreitete, daß wir ab nächster Woche jeden Mittwoch diesen Kurs besuchen würden. »Geburtsvorbereitung«, das klang in meinen Ohren wie eine schreckliche Krankheit oder die Einladung zu einem juristischen Seminar. Gleichzeitig klang es auch nach energischen, höchstemanzipierten schwangeren Frauen und ihren Gesundheitsschlappen tragenden, hyper-verständnisvollen Männern mit einem Hang zum Esoterischen. Doch ich hatte keine Wahl, ich mußte da hin. Schließlich war Karin am Zug in unserer Beziehung in jenen Monaten: Sie war schwanger, nicht ich.

Meine Befürchtungen stellten sich im nachhinein allerdings – Gott sei Dank! – als weitgehend unbegründet heraus. Klar: Bettina, unsere Kursleiterin, wirkte zunächst schon etwas abgehoben, so hager und unkörperlich, wie sie da im Schneidersitz in unserer Mitte hockte. Doch dadurch, daß sie vor etlichen Jahren auch den Beruf der Kinderkrankenschwester erlernt hatte, war sie gleichzeitig erfrischend realitätsnah und äußerst praktisch veranlagt. Und die anderen Kursteilnehmer waren alle etwa in unserem Alter und ein repräsentativer Querschnitt der Bevölkerung in deutschen Landen. Also: Unter uns waren ein Förster, ein Beamter im Mittleren Dienst, ein Manager, eine Therapeutin, eine Köchin – kann man sich mehr Durchschnittlichkeit auf 40 Quadratmetern wünschen?

Als ich mir beim Einführungsspiel ein Kärtchen vom Boden nehmen mußte, wählte ich das mit der Aufschrift »Abenteuer«. Ich erklärte meine Wahl wie folgt: »Ich möchte«, sagte ich, »daß mein Leben – Schwangerschaft hin oder her – wie gewohnt ein Abenteuer bleibt. Nur daß dies ab sofort unter neuen Koordinaten stattfinden wird. Doch ich sehe auch diese Schwangerschaft als ein Abenteuer. Ich will neugierig bleiben. Nur dann hat unser Kind eine Chance, das Kind in mir zu entdecken. Und eine Chance, möglichst lange Kind zu bleiben.«

Ich bin mir nicht sicher, ob irgend jemand in dieser Runde meine Kurzerklärung verstanden hat – ich bin mir nicht mal sicher, ob ich sie selbst ganz durchschaut habe. Und vielleicht wollte ich zum Auftakt dieses Kurses die anderen Teilnehmer erst einmal ein wenig irritieren, vielleicht auch provozieren. Damit sie – und ich für mich selbst – wußten, daß diese ganze Sache nicht so ernst zu nehmen ist.

Doch bald schon nahm ich sie richtig ernst. Ganz rasch wurde ich, auch wenn Karin das vielleicht gar nicht gemerkt hat, zum aufmerksamsten Zuhörer und Schüler von Bettina. Weil ich plötzlich feststellte, daß ich in diesen Kurs ohne die geringste Vorahnung über Schwangerschaft und alle damit verbundenen Themen gegangen war. Und plötzlich wurde ich einmal die Woche für zwei Stunden lang gebündelt damit konfrontiert. Was für ein – Abenteuer! Da hatten wir mein Kärtchen schon wieder ...

Ich lernte alles Wissenswerte über Zungenbrecher wie »Gestose« oder »Mutterkuchenentzündung«, hatte innerhalb kurzer Zeit den Bogen raus, wie ich meiner Karin mit Hilfe einer kleinen Massage Erleichterung (seelisch wie körperlich) verschaffen konnte. Und durch die sehr intensiven Diskussionen mit den anderen Kursteilnehmern lernte ich mit einemmal auch, meine Situation in einem ganz anderen Licht einzuschätzen.

Ja richtig, ich wurde Vater! Wenn ich ehrlich war, hatte ich mich mit dieser Sache bislang nicht richtig auseinandergesetzt. Meine Umstände sprachen auch nicht unbedingt dafür: Pauline war eben kein geplantes Wunschkind, sondern durch reinen Zufall entstanden. Als freiberuflicher Journalist, der die meiste Zeit des Tages alleine zu Hause vor seinem Computer zubrachte, hatte ich niemanden, mit dem ich mich über die Schwangerschaft von Karin unterhalten konnte. Und was es eigentlich bedeutet, Vater zu werden – also sich darauf einzulassen –, wußte ich bis dahin auch nicht.

Plötzlich aber wurde mir vorgeführt, mit welchen Sorgen und Fragen sich andere werdende Väter meines Alters beschäftigten. Ich bekam, zumindest vage und irgendwie, einen Eindruck davon, was es heißt, bei der Entbindung dabeizusein, was es heißt, einen neuen Menschen gezeugt zu haben, der bald ans Tageslicht will, was es heißt, »eine Familie zu gründen«, wie es immer so lapidar genannt wird.

Ich glaube, das Wichtigste, das mir dieser Kurs vermittelt hat, ist, mitzukriegen, wie man als Mann möglichst großen Anteil an diesem Wunder namens Entbindung haben kann. Denn Entbindung und Schwangerschaft, so steif diese Begriffe auch klingen mögen – in der Realität sind sie ein Wunder! Und dieser so dämlich betitelte, aber sehr hilfreiche »Geburtsvorbereitungskurs« ist in der Tat eine Institution, die für unsichere, werdende Eltern eine immense Erleichterung darstellt. Und mal ehrlich – sind nicht alle werdenden Eltern unsicher?

Packliste fürs Krankenhaus

Damit Sie im Krankenhaus auch wirklich alles dabeihaben, was Sie vor und nach der Entbindung brauchen, sollten Sie Ihre Siebensachen schon möglichst frühzeitig (etwa ab dem siebten Monat) packen – so sind Sie auch vor plötzlicher Hektik gefeit, wenn sich das Kleine doch schon etwas früher regt, als das Ihr Frauenarzt für Sie errechnet hat. Denn denken Sie daran: Ein Geburtstermin ist nur eine Schätzung, die in Ihrem speziellen Fall keineswegs stimmen muß – und Ihr Baby hat ja keinen Kalender bei sich. Am besten bereiten Sie eine Tasche mit allem Nötigen einige Wochen vor dem Termin vor – schon, weil Sie eventuell noch nötige Dokumente beschaffen müssen – und stellen sie beiseite, um sie dann möglichst schnell griffbereit zu haben. Und das sind Ihre beiden – Sie sehen: es geht schon los – Checklisten für die Tage im Krankenhaus:

Babys Gepäck

- o ein Hemdchen
- o ein Jäckchen
- o eine Windelhose
- o ein Frottee- oder Baumwollhöschen
- o ein Wolljäckchen
- o ein Mützchen
- o ein Strampelhöschen
- o ein flaches Kissen
- o eine Wolldecke
- o ein Tragekorb oder eine Tragetasche

Ihr Gepäck

o Personalausweis (als Ausländerin auch den Personalausweis des werdenden Vaters)

o Familienstammbuch oder Heiratsurkunde – als Ausländerin müssen Sie sich die fremdsprachigen Dokumente vom Konsulat übersetzen lassen

o Ihren Mutterpaß

o die Einweisung zur stationären Entbindung, ausgestellt von Ihrem Arzt

o einen Berechtigungsschein für die Vorsorge-Untersuchungen Ihres Kindes (erhalten Sie von Ihrer Krankenkasse)

o die Anschrift und Telefonnummer (privat und im Büro) des werdenden Vaters oder anderer Angehöriger, die eventuell sofort nach der Entbindung informiert werden sollen

o Bademantel oder Morgenrock

o Hausschuhe

o 2 Paar Kniestrümpfe, Söckchen oder Strumpfhosen

o 5 vorne zu öffnende Nachthemden (wichtig: tauglich für Kochwäsche!)

o 10 bequeme Slips (ebenfalls Kochwäsche)

o 3 Still-BHs – bitte nehmen Sie sie zwei Nummern größer als Ihre normale Körbchengröße

o Einlagen für Still-BHs

o 5 Handtücher

o 5 Waschlappen

o Seife, Shampoo

o Kamm und Haarbürste

o Zahnbürste, Zahnpasta

o Ihre üblichen Deodorants, Kosmetika und Kosmetiktücher

Checkliste für
die Zeit danach

Nutzen Sie die letzten Wochen vor der Geburt, um in Ruhe für die Zeit danach vorzusorgen. Ist das Kleine erst einmal da, wird es Ihr Leben auf äußerst angenehme Weise derart gründlich auf den Kopf stellen, daß Sie wahrscheinlich weit weniger werden erledigen können, als Sie gewohnt sind. Deshalb bietet es sich zum Beispiel an, Babys Erstausstattung rechtzeitig zusammenzustellen. Hier eine kleine Checkliste – die Sie natürlich in Gesprächen mit anderen Müttern oder der Hebamme beliebig erweitern können.

Babypflege

o Baby-Badewanne (mit
   oder ohne Gestell)
o Badethermometer
o zweigeteilte Waschschüssel
o 6 Einweg-Waschlappen
   (eventuell aus Mull)
o 3 Frottee-Waschlappen
o 3 große Badetücher mit
   Kapuze
o Baby-Seife
o Baby-Shampoo und
   Badezusatz
o Baby-Creme
o Baby-Puder
o Baby-Öl
o Baby-Körperlotion
o Reinigungstücher
o Watte
o Baby-Apotheke
o Wundheilsalbe
o weiche Haarbürste
o Baby-Nagelschere
   (abgerundet)
o 6 Nabelbinden
o Tupfer
o Nabelpuder

Kleidung

- o 10 Frottee-Höschen
  (Größe 1 und 2)
- o 6 Flügelhemdchen aus
  Baumwolle
- o 6 Jäckchen aus Baumwolle
- o 2 Wolljäckchen mit Mütze
  (für unterwegs)
- o 6 Strampelhosen
- o 6 Lätzchen
- o 2 Paar Wollschuhe oder
  -socken
- o 2 Paar Fäustlinge
- o 1 Anorak (im Winter)

Ernährung

- o 6 Baby-Flaschen mit Saug-
  und Verschlußkappen (falls
  Sie stillen, brauchen Sie das
  eventuell nicht)
- o 2 kleine Fläschchen mit fein
  gelochtem Sauger (für Baby-
  Tee)
- o 1 Flaschenwärmer
- o 2 Flaschenbürsten,
  1 Saugerbürste
- o 1 Flaschen-Ständer
- o 1 Gerät zur Desinfektion
  oder Sterilisation von
  Fläschchen und Saugern
- o ungesüßter Baby-Tee
- o 1 Baby-Waage
- o Beruhigungssauger
- o eventuell Fertigmilch-
  nahrung

Schlafen

- o Baby-Bett, Körbchen oder
  Wiege mit fester Matratze
- o 3 Matratzenbezüge
- o 3 Bettbezüge und Laken
- o 2 wasserdichte Molton-
  Unterlagen
- o 1 kleine waschbare Stepp-
  decke
- o 1 kleine Wolldecke
- o 1 Gummiwärmflasche
- o 1 Zimmerthermometer
- o vielleicht ein Schlafsack

Wickeln

- o Wickelkommode oder
  Wickelaufsatz für die Bade-
  wanne
- o Wickelauflage
- o 2 Windeleimer mit Deckel –
  einer für Wegwerfwindeln,
  einer für schmutzige Wäsche
- o 3 Pakete Höschenwindeln
  für Neugeborene oder
  6 Windelhosen und
  2 Packungen Windeleinla-
  gen oder 24 Mullwindeln

»Reisegepäck«

- o Tragetuch oder -tasche
- o Kinderwagen mit Bettzeug
- o Baby-Schale fürs Auto
- o Pflegeset

Wie soll
das Baby heißen?

Je näher der Geburtstermin rückt, desto mehr werden Sie sich vielleicht den Kopf darüber zerbrechen, wie Ihr Kind heißen soll. Und so wälzen Paare überall im Land Namensbücher (zum Beispiel Julia Andresens »Großes Buch der Vornamen« aus dem Heyne Verlag) und schwanken zwischen den unterschiedlichsten Vorschlägen. Soll tatsächlich die Erbtante oder der Patenonkel im Vornamen des Kindes verewigt werden? Falls der Onkel nun Ernst oder Fürchtegott, die Tante Genoveva oder Walpurga heißt, sollten Sie vielleicht lieber noch einmal mit der Verwandtschaft reden. Denken Sie bitte daran, daß Ihr Kind mit diesem Namen aufwachsen und auch als Erwachsener leben muß – eine Namensänderung ist zwar im Prinzip möglich, aber umständlich.

Nun sind die erwähnten Namen natürlich zulässig – doch was passiert, wenn Sie sich auf einen Vornamen einigen, der so exotisch ist, daß ihn der Standesbeamte (er nimmt die Eintragung vor) nicht akzeptieren möchte? In solchen Fällen können Sie sich an Namenberatungsstellen wenden – eine solche besteht zum Beispiel an der Universität Leipzig, ist dem Institut für Slawistik angegliedert und ist unter folgender Adresse zu erreichen:

 Namenberatungsstelle der Gesellschaft für Namenkunde e. V. an der Universität Leipzig, Augustusplatz 9, 04 109 Leipzig, Tel.: 03 41/97-3 74 64 (Beratung meist vormittags, sonst Anrufbeantworter).

Hier können Sie Rat bekommen, wenn Ihnen das »Internationale Handbuch der Vornamen« nicht weiterhilft – was kein Wunder wäre, denn dieses Buch kam zuletzt 1987 heraus, und in den vergangenen zehn Jahren ist mit der Sprache im allgemeinen und mit der Gebräuchlichkeit von Namen im besonderen viel passiert. »Das Geschlecht des Kindes muß durch den Vornamen eindeutig erkennbar sein«, erklärt Dr. Sabine Gugutschkow von der Leipziger Namenberatung. »Vornamen wie Eike, Chris, Kim, Kai, Luca/Luka, die für beide Geschlechter zulässig sind, werden dann mit einem ›eindeutigen‹ weiteren Vornamen kombiniert.« Auch Maria ist in dieser Form für beide Geschlechter zulässig – worüber alle Fans von Rainer Maria Rilke oder Carl Maria von Weber heilfroh sein werden. Ein Grenzfall ist Nele: Vom Sprachempfinden eher als weiblich eingestuft, kann Nele auch als männlicher Vorname vorkommen.

»In letzter Zeit war es eher ruhig«, schildert Dr. Gugutschkow den aktuellen Stand in Namensdingen, »aber es gibt schon exotische Namenswünsche. Eine Frau wollte ihr Kind zum Beispiel Yoelvis nennen, nachdem ein kubanischer Leichtathlet mit diesem Vornamen eine Medaille gewonnen hatte – das würde ich als zulässig einschätzen. Yoelvis ist tatsächlich im spanischsprachigen Raum üblich.«

Dennoch gibt die Namenberaterin vor allem mutigen Eltern eines zu bedenken: »Sie nehmen für Ihr Kind ein Stellvertreter-Recht wahr. Manchmal muß ich mich schon wundern, was manche Eltern ihren Kindern mit der Wahl des Vornamens alles antun wollen ...« Und man kann nur staunen, mit welchem Eifer manche ihre Wahl durchsetzen wollen. Denn lehnt der Standesbeamte den gewählten Vornamen ab, weil er ihn nicht für eintragungsfähig hält, können Sie vor Gericht versuchen, die Eintragung des Namens zu erzwingen. Und so beschäftigen sich die deutschen Gerichte immer wieder mit Kindern, die unbedingt Pumuckl (abgelehnt), Windsbraut (abgelehnt) oder Domino Carina (zugelassen) heißen sollen.

Ein Ehepaar, das seine Tochter Ronja Borussia nennen wollte, mußte sich mit Ronja begnügen. Aus der Begründung des Amtsgerichts Kassel vom September 1996: »Unter dem Gesichtspunkt des Kindeswohls bestehen gegen den zweiten Vornamen Borussia durchgreifende Bedenken. Den Namen Borussia assoziiert man im alltäglichen Sprachgebrauch mit Fußballvereinsnamen.« Und das wäre doppelt schlecht – denn der höchstplazierte Fußballverein in der Stadt hieß 1996 Hessen Kassel, nicht Borussia.

Aber müssen wirklich erst Gerichte entscheiden (und dazu Namenberater als Gutachter laden), daß ein Junge nicht Rosa (Amtsgericht München, Juli 1992) und ein Mädchen nicht Pfefferminze (Amtsgericht Traunstein, Dezember 1995) heißen darf?

Vornamen sind für das Leben Ihres Kindes alles andere als Schall und Rauch. Deshalb sollten auch zugelassene Namen mit Sorgfalt ausgewählt werden: Sprechen Sie die in Frage kommenden Vornamen in Verbindung mit dem Familiennamen laut vor sich hin, überlegen Sie, ob sich der Vorname womöglich allzu leicht zu einem Spitznamen verballhornen läßt. Manche Vornamen sind auch mit einem ausgesprochen negativen Image belastet – etwa durch altertümlichen Klang oder historische Persönlichkeiten.

Und wenn Sie partout einen ausgefallenen Namen für Ihr Kind auswählen: Suchen Sie nach Beispielen für andere Menschen mit demselben Vornamen – vor allem in den USA wird das Namenrecht in diesem Punkt sehr großzügig gehandhabt. Vielleicht läßt sich Ihr Standesbeamter davon beeindrucken, daß ein früh verstorbener Hollywood-Star River Phoenix hieß – und seine Geschwister durchweg Namen wie Heaven oder Flower tragen.

Übrigens kennt die Namenberaterin aus Leipzig das Problem, einen geeigneten Vornamen für das Kind zu finden, aus eigener Erfahrung: Sie hat selbst einen Sohn. Er heißt Dimo. Mit »d«.

Top ten der Vornamen

Einmal im Jahr ermittelt die Gesellschaft für deutsche Sprache in Wiesbaden die zehn beliebtesten Vornamen in Deutschland – getrennt nach alten und neuen Bundesländern. Hier die Charts der Kindernamen (in Klammern die Plazierung der Jahre 1995/1994):

ALTE BUNDESLÄNDER, MÄDCHEN		ALTE BUNDESLÄNDER, JUNGEN	
1. (1/3)	Maria	1. (1/1)	Alexander
2. (4/1)	Julia	2. (4/5)	Lukas
3. (2/2)	Katharina	3. (2/3)	Maximilian
4. (9/5)	Anna oder Anne	4. (3/2)	Daniel
5. (3/4)	Laura	5. (8/–)	Michael
6. (7/–)	Marie	6. (6/4)	Christian
7. (8/–)	Sophie	7. (5/9)	Philipp
8. (5/6)	Lisa	8. (7/8)	Marcel
9. (6/7)	Sarah	9. (–/–)	Jan
10. (–/–)	Lena	10. (9/6)	Tobias

NEUE BUNDESLÄNDER, MÄDCHEN		NEUE BUNDESLÄNDER, JUNGEN	
1. (1/2)	Maria	1. (1/2)	Maximilian
2. (2/1)	Lisa	2. (6/–)	Lukas
3. (3/9)	Laura	3. (2/1)	Philipp
4. (5/4)	Anna oder Anne	4. (3/6)	Florian
5. (6/–)	Sophia	5. (9/4)	Kevin
6. (4/3)	Julia	6. (–/9)	Max
7. (7/5)	Sarah	7. (4/7)	Felix
8. (–/–)	Michelle	8. (5/3)	Paul
9. (–/–)	Vanessa	9. (–/–)	Tom
10. (8/7)	Jessica	10. (–/–)	Erik

Woran erkenne ich, daß es auf die Geburt zugeht?

Ihr Arzt hat zwar einen voraussichtlichen Termin für die Geburt Ihres Kindes errechnet – doch dieser im Mutterpaß eingetragene Tag ist nur eine Schätzung. Keine Schwangerschaft verläuft exakt wie die andere, kein Kind erreicht genau so schnell die Geburtsreife wie das andere. Deshalb sind Sie für die exakte Vorhersage der Geburt Ihres Kindes letztlich auf sich selbst angewiesen. Hier einige Anzeichen, die Ihnen verraten können, daß die Niederkunft bevorsteht und Sie allmählich den Weg ins Krankenhaus antreten sollten.

Fruchtwasser fließt aus

Wenn Sie bemerken, daß Ihr Slip plötzlich feucht oder naß wird, dürfte das auslaufendes Fruchtwasser sein. Läuft diese Flüssigkeit wie ein Schwall aus Ihrer Scheide, sollten Sie umgehend ins Krankenhaus – und lassen Sie sich bitte liegend dorthin transportieren. Der Grund: Schwallweise austretendes Fruchtwasser ist ein mögliches Anzeichen für eine im Zusammenhang mit der Wehentätigkeit gesprungene Fruchtblase. Das muß Sie nicht allzu sehr beunruhigen, allerdings sollten Sie nun schnell entbunden werden, und bis zum Zeitpunkt der Entbindung sollten Sie möglichst jede unnötige Bewegung (Herumlaufen in der Wohnung, Treppensteigen) vermeiden. Unter anderem besteht sonst die Gefahr eines sogenannten Nabelschnurvorfalls.

Tritt Fruchtwasser nur tröpfchenweise aus, haben Sie wohl noch ein paar Stunden Zeit bis zur Entbindung. Sie sollten sich aber dennoch ins Krankenhaus bringen lassen und sich ein wenig vorsichtiger bewegen als sonst.

Schleim geht ab

Ein häufig auftretendes Zeichen für den Beginn der Geburt ist Schleimabgang. Das ist kein Grund zur Beunruhigung, sondern im Gegenteil ein erfreuliches Zeichen. Der blutige Schleim stammt aus dem Gebärmutterhalskanal und hat in den vergangenen Monaten Ihr Kind wie ein Korken unter anderem gegen die Angriffe von Krankheitserregern geschützt. Nun beginnt sich der Muttermund zu öffnen, der Pfropfen löst sich und verläßt Ihren Körper. Atmen Sie ein paarmal tief durch – und freuen Sie sich: Ihr Kind bereitet sich auf die Geburt vor, und Ihr Körper macht ihm den Weg in die Welt frei.

Der Haken an diesem Zeichen Ihres Körpers: Es sagt nicht viel über den genauen Zeitpunkt der Geburt aus, die nun innerhalb weniger Stunden oder auch – wenn Sie keine Wehen spüren – erst Tage später erfolgen kann. Falls Sie unsicher sind, was Sie tun sollen, rufen Sie am besten Ihren Frauenarzt an und fragen ihn um Rat.

 Blutungen im dritten Trimester Ihrer Schwangerschaft (also etwa ab der 29. Woche) können auch andere Ursachen haben – bitte lassen Sie sich gegebenenfalls vom Arzt untersuchen.

Regelmäßiger Wehenschmerz

Wenn Sie zum ersten Mal schwanger sind, wird Ihnen die Aussage, daß sich die Geburt durch regelmäßige Wehen ankündigt, herzlich wenig helfen. Denn schon Tage, oft auch Wochen vor der Geburt spüren Sie sogenannte Vorwehen – und wie sollen Sie die von den »richtigen« Wehen unterscheiden können? Und selbst wenn Sie den feinen Unterschied zwischen Vorwehen und Einleitungswehen bemerken sollten: Auch die Einleitungswehen können sich über mehrere Tage hinziehen.

Wehen sind Schmerzen, die Sie spüren, wenn sich die Muskeln Ihrer Gebärmutter zusammenziehen. Sie fühlen sich ähnlich an wie Periodenschmerzen, wie sie viele Frauen bei stärkerer Menstruation spüren. Zunächst fühlen Sie ein Ziehen in der Leistengegend oder im Rücken, vielleicht auch nur ein Drücken im Bauch. Später strahlt der Schmerz vom Rücken beiderseits des Bauchs nach vorne aus, und er fühlt sich immer mehr wie ein Krampf an.

Diese Schmerzen nehmen allmählich zu – allerdings ist die Stärke von Schmerzen keine meßbare Größe: Menschen sind mehr oder weniger schmerzempfindlich, und Sie gewöhnen sich mit der Zeit eventuell auch an ein bestimmtes Schmerzniveau, empfinden es dadurch etwas weniger intensiv. Außerdem nimmt die Stärke der Wehen sehr fließend zu – da sind Abstufungen gerade für Erstgebärende kaum festzustellen.

Verläßlicher ist die Möglichkeit, die Zeitabstände zwischen den einzelnen Wehen zu messen: Je näher Sie der Geburt Ihres Kindes sind, desto weniger Zeit vergeht zwischen zwei Wehen. Mit dem Übergang von den Vor- zu den Einleitungswehen vergeht der Wehenschmerz nicht mehr ganz, es bleibt ein krampfähnliches Schmerzecho zurück – und schließlich spüren Sie bereits die nächste Wehe. Wenn zwischen zwei Wehen nur noch circa zehn bis 15 Minuten vergehen, sollten Sie das Krankenhaus aufsuchen. Die Geburt hat nun begonnen – allerdings ist das kein Grund zur Panik: Lassen Sie sich zügig, aber ohne Hektik in die Klinik fahren. Essen Sie nichts mehr – zumindest keine komplette Mahlzeit: Falls im Kreißsaal überraschend eine Vollnarkose nötig werden sollte – etwa für einen Kaiserschnitt –, sind Sie mit leerem Magen besser dran. Außerdem kann es auch bei einer glatt verlaufenden Geburt vorkommen, daß Ihnen wegen der ungewohnten Anstrengung der Geburt übel wird. Da sich Ihr Körper aber völlig auf die Niederkunft konzentriert und Ihre Verdauung für diese Zeit weitgehend stillsteht, könnten Sie kurz vor der Entbindung aufgenommene Nahrung auch Stunden später noch praktisch unverdaut erbrechen.

Ganz anders der werdende Vater: Er soll sich rechtzeitig mit ein paar Broten oder einer kräftigen Suppe stärken. Falls er »keinen Hunger hat« (das heißt: er ist nervös bis unter die Haarspitzen) oder »erst später« etwas essen will: Reden Sie ihm gut zu – nicht in jedem Krankenhaus bekommt er immer etwas zu essen. Und ein Partner, der an Ihrem Bett oder im Kreißsaal umkippt, weil sein Blutzuckerspiegel absackt, ist Ihnen nun wirklich keine große Hilfe.

 Während Sie auf die Niederkunft warten, dürfen Sie meist nichts trinken. Füllen Sie deshalb eine Isolierkanne mit Eiswürfeln, die Sie gegen den vielleicht unangenehm werdenden Durst lutschen können. Einige Scheiben Zitrone können denselben Zweck erfüllen.

Es ist soweit

Plötzlich durchzuckt Sie ein heftiger Wehenschmerz. Ihr Partner ist gerade auf seiner einzigen mehrtägigen Geschäftsreise in diesem Jahr. Schmerzgekrümmt kommen Sie kaum bis zum Telefon – und natürlich ist die Telefonnummer des einzigen Taxiunternehmens in der Nähe besetzt. Nach einer halben Stunde vergeblicher Versuche sinken Sie schluchzend auf den Boden, erreichen danach die Taxizentrale doch noch und schleppen sich mit letzter Kraft die drei Stockwerke bis zur Straße hinunter. Das Taxi fährt an, steht wenige Minuten später in einem endlos scheinenden Stau – und mitten im Gehupe und Geschrei macht Ihnen Ihr Kind klar, daß es genau jetzt auf die Welt kommen will ... Wenn Sie solche Szenen erleben wollen, sollten Sie ins Kino gehen: Dort zählen solche kleinen Katastrophen zum gern gezeigten Alltag. Auch Fernseh-Hebammen – 1997 war zum Beispiel Witta Pohl in dieser Rolle recht erfolgreich – müssen solche Situationen häufig meistern. Die Wirklichkeit sieht glücklicherweise fast immer anders aus – falls auch Sie etwas dafür tun. Sobald Sie das Gefühl haben, die Geburt steht unmittelbar bevor, sollten Sie sich hinsetzen und in Ruhe überlegen, was nun alles in welcher Reihenfolge zu tun ist:

✘ Wer bringt Sie ins Krankenhaus? Ist Ihr Partner nicht da, sollten Sie sich an hilfsbereite Nachbarn oder an die nächste Taxizentrale wenden – die Nummer könnten Sie schon rechtzeitig vorher an die Pinnwand geklemmt oder als Kurzwahl in Ihrem Telefon gespeichert haben. Außerdem empfiehlt es sich, Geld für die Fahrt bereitzulegen.

✗ Wo steht Ihr Koffer? Er sollte all die Dinge enthalten, die Sie und Ihr Kind für den Krankenhausaufenthalt brauchen – und die Sie möglichst vorher zusammengepackt haben.

✗ Beides ist geklärt? Dann legen Sie die Beine hoch und entspannen Sie sich. Sie werden Ihre Kraft in den kommenden Stunden noch brauchen – da ist nichts für hektisches Auf-und-ab-Laufen übrig.

✗ Wenn der Wagen da ist, lassen Sie den Fahrer Sie und Ihr Gepäck in oder vor der Wohnung abholen. Nehmen Sie im Auto Platz, als hätten Sie alle Zeit der Welt – und freuen Sie sich auf das, was kommt. Davon, daß Sie sich unnötige Sorgen machen, wird es Ihnen auch nicht leichter.

✗ Sobald Sie im Krankenhaus angekommen sind, melden Sie sich auf der Entbindungsstation oder im Kreißsaal. Und dann übergeben Sie sich der Obhut des Personals: Sie werden sich nun um Sie kümmern – und Ihnen sagen, was Sie zu tun haben. Lassen Sie los, vertrauen Sie auf die Erfahrung der Ärzte, Schwestern und Pfleger – und genießen Sie die folgenden Stunden: Sie können sehr anstrengend werden, aber Sie bereichern Sie um eine Erfahrung, an die Sie sich später gerne erinnern werden.

Was passiert im Kreißsaal?

Falls Sie insgeheim ein wenig Angst vor der Geburt, vor dem Kreißsaal und allem, was Sie dort erwartet, haben sollten: Renate, 51, ist Hebamme in einem mittelgroßen Berliner Krankenhaus und steht Ihnen für die wichtigsten Fragen rund um die Geburt selbst Rede und Antwort:

Wie genau geht die Einlieferung einer schwangeren Frau zum Beispiel in Ihrer Klinik vor sich?

Wenn hochschwangere Frauen eingeliefert werden, findet erst eine Untersuchung statt, bei der festgestellt wird, wie weit die Geburt fortgeschritten ist. Davon ist dann abhängig, was man macht. Erst einmal wird ein Aufnahme-CTG geschrieben, die Herztöne werden überwacht und die Wehen kontrolliert, und dann, je nach Weite des Muttermundbefundes, kann man eine Vorbereitung machen, Einlauf, Bad – oder die Frau kommt gleich in den Kreißsaal, und dort erfolgt eine kontinuierliche Herztonüberwachung mit dem sogenannten CTG-Apparat, der die Herztöne und die Wehentätigkeit kontrolliert. Das kann intern oder extern geschehen – also entweder außen auf dem Bauch oder durch die Scheide. Auch eine Untersuchung per Ultraschall kann gemacht werden – das hängt davon ab, ob die Frau schon bei uns einen Ultraschall hatte. In unserem Krankenhaus sind die Frauen in der Regel angemeldet, wenn sie zur Geburt kommen, dann wurde bereits in der 38. Schwangerschaftswoche eine Ultraschall-Untersuchung durchgeführt, mit der die Lage kontrolliert und das Gewicht geschätzt wird, das zu erwartende Geburtsgewicht, die Fruchtwasserbildung wird überprüft und auch der Sitz der Plazenta.

Wie sind die Aufgaben während der Aufnahme und der Entbindung verteilt?
Ultraschall-Untersuchungen machen zum Beispiel die Ärzte, Hebammen betreuen die normale Geburt, das heißt, wenn das Kind mit dem Köpfchen zuerst kommt. Wird es eine Steißlage, eine vaginal operative Geburt, also Zange oder Vakuumextraktion mit der Saugglocke, oder Kaiserschnitt, ist dafür natürlich der Arzt zuständig. Wir Hebammen betreuen die Frauen, und wir untersuchen sie, machen alles, solange die Geburt normal verläuft. Wenn irgendwelche pathologischen Erscheinungsbilder da sind, wird der Arzt gerufen.

... und nach der Aufnahme wird die Schwangere in den Kreißsaal gefahren?
In den meisten Fällen werden die Frauen nicht in den Kreißsaal gefahren, sondern sie laufen hinein – sie sind ja nicht krank. Sie laufen also rein, legen sich ins Kreißbett, und sie können auch manchmal wieder raussteigen aus dem Bett, noch mal ein bißchen spazierengehen, noch mal auf die Toilette gehen, wenn es sich doch länger hinzieht als erwartet ... Vorausgesetzt die Herztonüberwachung verläuft normal, dann können die Frauen noch längere Zeit herumgehen. Es gibt natürlich pathologische CTGs, und bei älteren, nicht tragbaren CTG-Geräten müssen die Frauen dann leider im Bett liegenbleiben, um eine kontinuierliche Überwachung zu gewährleisten.

Wie sieht der Kreißsaal aus? Ist das ein steril aussehender Operationssaal mit grellem Licht?

Nein, man kann zwar sehr viel Licht machen, meist ist es aber eher schummrig. Es gibt sehr viele unterschiedliche Kreißsäle. Bei uns hat jeder Kreißsaal ein Fenster, und es ist natürlich schön mit Tageslicht und Blumen draußen. Man kann mit Jalousien auch abdunkeln. Wenn die Frauen im Kreißbett liegen, interessiert sie die Umgebung eigentlich nicht mehr so sehr, aber eine schöne Umgebung mit Natur kann natürlich auch beruhigen, gerade bei langwierigen Geburten ist es schön, wenn der Ausblick nicht ganz so trist ist. Tageslicht im Kreißsaal ist auf jeden Fall vorteilhaft. Gekachelt ist bei uns nicht mehr, nur noch um die nasse Ecke, die Wascheinheit herum. Wobei wir eigentlich nicht baden, also nur, wenn das Kind sehr blutig ist, sehr verschmiert, denn nach der Geburt ist es sehr wichtig, daß das Kind die Wärme hält, das ist das A und O. Die Babys werden schön abgetrocknet, der Mutter auf den Bauch gelegt, dann mit vorgewärmten Tüchern zugedeckt.

Kreißsaal – ist das wirklich ein Saal mit vielen Betten?

Nein, so war das früher mal, das kenne ich noch, daß es große Säle gab, mit drei oder vier Betten, die maximal mit einer dünnen Trennwand versehen nebeneinander standen. Wenn dann eine Gebärende mit Schreien anfing, waren auch die anderen kaum mehr zu beruhigen, das steckt an. Bei uns gibt es vier Kreißsäle mit je einem Bett, die wie großzügige, aber auch nicht zu weiträumige Privatzimmer aussehen. Da gibt es auch keine Unterschiede für Privat- oder Kassenpatienten. Die Betten haben Stützvorrichtungen für die Beine, ähnlich wie gynäkologische Untersuchungsstühle, und neben ihnen sind die Herzüberwachungsgeräte und ein Monitor, auf dem die Herzschläge und Wehen der anderen Zimmer zur Kontrolle zu sehen sind, um im Notfall schnell eingreifen zu können. Es gibt eine Waage für das Baby, jede Menge warme Tücher und eine Waschvorrichtung, obwohl die Babys heutzutage eben eigentlich nicht mehr gleich gewaschen werden, das kann zu Wärmeverlust führen, durch die Verdunstung des Wassers. Und am wichtigsten ist, das Neugeborene warmzuhalten.

Wie viele Leute sind bei der Geburt im Raum?
An medizinischem Personal in der Regel die Hebamme mit Assistentin, bei Komplikationen kommt natürlich der Gynäkologe dazu.

Wie lange kann eine Geburt dauern?
Das ist natürlich auch sehr unterschiedlich. Es gibt Frauen, die entbinden sehr schnell, und es ist auch ein Unterschied, ob es sich um das erste, zweite, dritte oder vierte Kind einer Frau handelt. Sechs bis acht Stunden auf alle Fälle bei einer Erstgebärenden, und auch mehr ist noch normal, bis etwa zwölf Stunden auf alle Fälle. Auch kommt es darauf an, ob die Fruchtblase schon gesprungen ist – viele Kriterien sind zu beachten. Es gibt zum Beispiel eine primäre Wehenschwäche, wenn von Anfang an die Wehen nicht so heftig sind, gar nicht erst richtig in Gang kommen. Bei einem schleppenden Geburtsfortschritt kann der Muttermundbefund über zwei bis drei Stunden derselbe sein mit nur ein, zwei oder drei Zentimetern Unterschied, vielleicht lange Zeit drei, dann gibt es einen Wehentropf zur Unterstützung der Geburtseinleitung. Manche Frauen öffnen sehr gut, haben die Wehen, wie es

sich gehört, und dann, auf einmal bei fünf/sechs Zentimetern, läßt die Wehentätigkeit nach, dann spricht man von sekundärer Wehenschwäche und gibt Wehenmittel.

Ist es für die Schwangere mit größeren Schmerzen verbunden, wenn das Baby nicht mit dem Kopf nach unten in der Gebärmutter liegt?

Der Wehenschmerz ist da, ob das Kind nun normal liegt oder nicht – wenn das Kind mit dem Kopf voran liegt, geht's normalerweise schneller, und die Geburt macht gute Fortschritte. Ansonsten dauert es etwas länger und ist dadurch schmerzvoller, aber die Wehe an sich muß nicht schmerzhafter sein.

Müssen Sie manchmal richtig an einem Baby ziehen, um es zur Welt zu bringen?

Das »Ziehen« setzt erst ein, wenn das Köpfchen geboren ist, dann »zieht« man die Schulter nach unten, dann nach oben, beziehungsweise drückt sie nach unten, dann nach oben, und der Körper wird eigentlich durch Zug entbunden. Erst nach unten drehen, daß die obere Schulter geboren wird, dann nach oben ziehen ...

Wie übt man diese Handgriffe – an Puppen? Kann das gefährlich werden?

Na ja, Hebamme ist man ja nicht einfach so geworden, man lernt das erst in drei Jahren Hebammen-Ausbildung, dann gibt es Anschauungsunterricht, wie die anderen das machen. An einer Puppe wird nicht geübt, aber die Handgriffe sind nicht so spektakulär, man merkt schnell, wie weit man die Schulter runterziehen muß, und dafür ist auch die Lehrzeit da. Übung macht den Meister.

Werden während der Geburt eher die Frauen oder die begleitenden Männer unruhig?
In den meisten Fällen sind es die betroffenen Frauen, die man als Hebamme auch schon psychologisch betreuen und beruhigen muß. Die Männer sind eigentlich doch recht ruhig, man staunt, wie die das so im Griff haben. Es ist ganz unterschiedlich, wie sich die Frauen benehmen – manche sagen nichts, manche machen das ganz toll, ohne je irgendwelche Geburtsvorbereitungen gemacht zu haben, und manche haben alles mitgemacht und im Kreißsaal alles vergessen – wegen der ungewohnten Schmerzen. Diese ganzen Übungen werden natürlich ohne Schmerzen gemacht, und mit Schmerz sieht die Welt dann ganz anders aus. Von daher ist es vielleicht ganz gut, wenn man sich doch ein bißchen informiert, gerade vor dem ersten Kind. Aber man sollte auch nicht überinformiert sein. Man merkt bei vielen Frauen, daß sehr viel über den Kopf geht, und je mehr Kopf dabei ist, desto schrecklicher ist dann meistens die Geburt. Man muß versuchen, den Kopf auszuschalten, aber das ist alles nicht so einfach. Es gibt so viele Variationen und so viele Möglichkeiten, das kann man gar nicht alles schildern.

Wollte eine Frau die Geburt einmal abbrechen, weil sie in Panik geriet?
So was haben wir sogar recht häufig. Für uns ist es sehr unangenehm, wenn es zum Beispiel dem Kind schlechtgeht, was man über das CTG erfährt, und die Frau überhaupt nicht mit-

macht – im Gegenteil: wenn sie uns noch ausweicht, sich wehrt, und man kommt nicht an sie ran. Dann ist man ja zum Glück nicht alleine, da muß unter Umständen schon mal festgehalten werden – das ist schon sehr unangenehm. Oder wenn eine Glocke oder Zange eingesetzt werden muß – dann geht es dem Kind meist von vornherein schlecht. Oder Geburtsstillstand – unter anderem, weil die Frau nicht recht mitmacht. Dann hat man auch Angst, daß man es nicht mehr rechtzeitig schafft.

Geben Sie schwangeren Frauen Schmerzmittel?

Schmerzmittel werden nur verhalten gegeben – und so richtige Schmerzmittel sind das eigentlich auch nicht: Es sind Mittel, um die Muskulatur weicher zu machen, damit die Frauen nicht so verspannt sind und dadurch weniger Schmerz empfinden. Es gibt ein Schmerzmittel, Donatin, damit werden die Frauen ein bißchen apathisch – das ist vorteilhaft, weil sie lockerer lassen, nicht so verkrampft sind. Dieses Mittel darf aber nicht zu spät eingesetzt werden, weil es sonst aufs Kind geht und das Kind mit diesem Mittel versehen auf die Welt kommt und vielleicht nicht so atmungsfreudig ist. Für die Eröffnungsphase sind solche Mittel ganz gut, aber für die Austreibungsphase weniger. Zum Schluß bekommen die Frauen nichts mehr: Die Wehen kommen wieder, sind schmerzhaft, und dann erleben sie den Preßdrang. Das schlimmste ist die Eröffnung: Wenn der Muttermund offen ist und die werdende Mutter den Preßdrang spürt – dann muß sie mitmachen, und dann geht's auch voran. Schlimmstenfalls kann man mit Zange oder Glocke eingreifen, da kann man was machen. Und wenn man auf »normalem« Weg nicht weiterkommt, kann ein Kaiserschnitt helfen.

Nach wieviel Stunden öffnet sich der Muttermund?

Das ist sehr unterschiedlich. Das kann während der Geburt praktisch jederzeit eintreten: ganz zu Anfang, zum Ende, oder der Muttermund öffnet sich, aber der Kopf tritt nicht ins Becken ein. Es gibt ganz verschiedene Komplikationen, zum Beispiel eine vorzeitige Plazentaablösung, dann muß das Kind eben raus, weil es sonst nicht mehr versorgt werden würde. Oder eine Uterus-Ruptur – das sind ganz seltene Fälle. Aber man muß eben an alles denken – dann muß der Kaiserschnitt ganz schnell vorgenommen werden.

Führen Sie einen Kaiserschnitt auch auf Wunsch der Patientin durch, weil sie zum Beispiel keine Schmerzen spüren will?

Nein, man versucht immer erst, das Kind normal zu entbinden, wenn vorher medizinisch nichts dagegen spricht. Erst wenn sich bei der Geburt eine lebensbedrohliche Situation zeigt oder eine geburtsverhindernde Situation, dann muß man den Kaiserschnitt machen, aber man kann nicht sagen: Ich hab' Angst vor den Wehen, ich möchte einen Kaiserschnitt haben. So etwas gibt's nicht.

Was halten Sie von Unterwassergeburt?

Ich persönlich halte nichts davon. Manche Frauen können zwar sehr gut im warmen Wasser entspannen, aber man kann sie ja kurz vor der Geburt rausnehmen. Der Mensch ist ein Landtier, und warum soll er ins Wasser geboren werden? Aber da gibt's unterschiedliche Ansichten, und ich finde, das sollte jeder für sich entscheiden. Wenn ich meine, ich muß mein Kind unter Wasser gebären, muß ich mir ein entsprechendes Krankenhaus suchen. Wir machen das nicht.

Kann das für das Kind gefährlich werden?
Da gibt es auch verschiedene Meinungen – aber die Krankenhäuser, die Wassergeburten vornehmen, machen das ja auch nur bei ganz ausgesuchten Frauen. Da muß wirklich alles stimmen, und sowie etwas nicht so ganz in Ordnung scheint, kommen die auch raus aus dem Wasser. Wobei: Wenn ich sage, für den Menschen ist eine Wassergeburt sehr gut, dann müßte eigentlich auch jeder im Wasser entbinden können, denn der Wal geht ja auch nicht ans Land. Aber – das ist Ansichtssache.

Gibt es zur Begrüßung des neuen Erdenbürgers noch den berühmten Klaps auf den Hintern?
Nein, schon lange nicht mehr. Das Kind wird geboren, herausgehoben, der Frau auf den Bauch gelegt, dann fängt es normalerweise an zu schreien. Dann wird es abgenabelt, der Vater darf die Nabelschnur durchschneiden, wenn er es möchte. Dann wird das Kind abgesaugt. Neugeborene schreien meist schon von allein, der Klaps ist überflüssig, sollte ursprünglich den ersten Schrei anregen. Die Kinder schreien vielleicht nicht sofort, aber das müssen sie ja auch nicht. Manche schreien schon, sobald nur der Kopf geboren ist, und manchen merkt man richtig an, daß sie etwas belemmert sind – da dauert's eben etwas länger. Man sieht ja den Gesamteindruck des Babys – wenn es eine schwere Geburt war und die Austreibung lange gedauert hat, ist meist auch das Neugeborene zunächst etwas schlapp und sieht natürlich ganz anders aus.

Sind Größe und Gewicht der geborenen Kinder sehr unterschiedlich?

Es gibt schon Neun-Pfünder. Manchmal, aber nur ganz selten, auch Neugeborene mit mehr als zehn Pfund Gewicht – aber das ist wirklich sehr selten.

Ist die Größe des Kindes von der Statur der Mutter abhängig?

Einen Zehn-Pfünder kann nicht jeder entbinden, die Mütter kriegen meist vorher Bescheid, daß es ein sehr großes Kind ist. Aber meistens haben schon größere Frauen auch so große Babys, aber es ist wirklich selten.

So – nun ist das Kind geboren, die Nabelschnur ist durchtrennt, das Kind hat geschrien und liegt auf der Mutter. Was passiert dann?

Dann kommt es in warme Tücher, und die Nachgeburt muß geboren werden, und wenn alles in Ordnung ist, dann guckt der Arzt sich das Kind an, macht die U 1, also die erste Untersuchung nach der Geburt, im Beisein der Eltern, unter der Wärmelampe am Wärmetisch. Die Maße werden genommen, also Gewicht, Länge, Kopfumfang, Kopfdurchmesser. Danach wird das Kind angezogen. Inzwischen wird die Mutter fertig gemacht und versorgt, falls es Risse oder Schnitte gibt, manchmal ist auch gar nichts, sie wird ins weiße Bett gelegt, und dann kommt das Kind zur Mutter. Sie bleiben zwei Stunden im Kreißsaal, werden zwei Stunden überwacht, ob es noch zu Blutungen kommt, wie es der Mutter geht und so weiter. Nach zwei Stunden, wenn alles in Ordnung ist, werden Mutter und Kind auf die Station verlegt.

Wann können Mutter und Kind das Krankenhaus verlassen?

Nach der neuen Gesundheitsreform werden sie schon am fünften Tag entlassen, wobei der Geburtstag mitzählt. Selbst wenn das Kind fünf Minuten vor Mitternacht geboren wird, zählt der Tag voll mit. Wenn nichts Besonderes ist, werden Mutter und Kind am fünften Tag entlassen. Die Frauen dürfen es aber auch sagen, wenn sie schon am zweiten oder etwa gleich am ersten Tag nach der Entbindung entlassen werden möchten. Sie können sagen, wann sie nach Hause gehen möchten. Eventuell wird gesagt: Wir empfehlen Ihnen aber noch hierzubleiben, aus ganz unterschiedlichen Gründen. Manche kommen aber auch mit dem Wunsch der ambulanten Entbindung zu uns – die gehen dann nach vier Stunden schon wieder nach Hause. Wenn bei diesen Frauen während der Geburt etwas Ungewöhnliches auftritt, etwa der Blutverlust besonders groß war, kann man ihnen immer noch empfehlen, lieber länger hierzubleiben.

Welche Komplikationen könnten nach der Geburt noch auftreten?

Wenn eine werdende Mutter gesund ins Krankenhaus kommt, ist die Gefahr eines größeren Blutverlustes sehr gering. Ein Risiko nach der Geburt ist die Nachblutung. Es ist wichtig, sich die Nachgeburt genau anzusehen. Dabei geht es darum, ob eventuell eine Nebenplazenta übersehen wurde oder ob ein Stück von der Plazenta im Körper der Schwangeren zurückgeblieben ist.

Nachgeburt – was ist das genau?

Das ist der Mutterkuchen, die Plazenta.

Hängt da auch die Nabelschnur mit dran?

Ja, das längere Stück der Nabelschnur bleibt an der Nachgeburt. Das Kind wird abgenabelt, indem die Nabelklemme einen Zentimeter vom Hautnabel gesetzt wird. Dann wird die Nabelschnur abgeschnitten, die durch die Nabelklemme gesichert ist. Man spricht vom Sulznabel und vom Hautnabel. Die Form des Hautnabels ist angeboren. Manche haben einen Nabel, der nach vorne gewölbt ist – da wird dann oft unterstellt, die Hebamme habe schlecht abgenabelt. Das hat damit aber gar nichts zu tun. Der Nabel ist wie ein Fingerabdruck, den wir durch das Abnabeln gar nicht verändern können. Der Sulznabel trocknet aus, wird hart und schwarz und fällt dann am vierten oder fünften Tag ab – das können Sie sich etwa wie eine Narbe vorstellen, die mit der Zeit verschwindet. Dann verheilt der Nabel und zieht sich – meistens, wie gesagt – nach innen.

Wie viele Kinder werden im Durchschnitt täglich in Ihrer Klinik geboren?

Das ist ganz unterschiedlich. An manchem Tag haben wir sechs Geburten oder acht oder zehn, an anderen Tagen nur eine.

Gibt es eine Saison für Geburten?

Na ja, im Zeitalter der Geburtenkontrolle und -regelung und der Wunschkinder kann man das eigentlich nicht mehr sagen. Früher gab's das schon – der Februar war eigentlich immer ein ganz toller Monat, und bei uns zum Beispiel war der August meistens sehr stark. Im Oktober ist bei uns komischerweise nicht so furchtbar viel los, aber das kann in einem anderen Krankenhaus ganz anders sein.

Wie viele Kinder haben Sie als Hebamme schon auf die Welt gebracht?

Das weiß ich nicht, ich zähle schon lange nicht mehr mit. Seit 1965 bin ich fast ununterbrochen Hebamme. Da kommt schon einiges zusammen. Man ist ja auch oft an Geburten beteiligt, die man selbst gar nicht verantwortlich betreut, und das zählt man ja auch nicht. Aber die Frauen zur Geburt zu bringen ist viel schwerer, als ein Kind herauszuholen. Die Frauen soweit zu bringen, daß sie ihr Kind jetzt bekommen wollen, ist viel schwerer.

Was hilft da am besten – beruhigende Worte?

Ja, wenn die Frauen Vertrauen in die Hebamme haben, weil man einen Kontakt aufgebaut hat und Zugang zu ihnen gefunden hat, wenn sie das Gefühl haben, daß es vorangeht, wenn sie tun, was man ihnen rät, und daß es ihnen dann auch besser geht. Aber auch da sind die Frauen sehr unterschiedlich. Manche lassen sich beeinflussen, manche sind so voller Angst und so voller Schmerz, daß man nicht an sie rankommt. Aber im großen und ganzen geht es schon – sie kommen ja in die Klinik, um sich helfen zu lassen, und in den allermeisten Fällen läuft das dann auch gut. Ausnahmen gibt's natürlich immer. Viele Frauen sagen hinterher: Ich hab's mir eigentlich schlimmer vorgestellt.

Dabei sind Geburtsszenen doch inzwischen sehr oft im Kino oder im Fernsehen zu sehen...

Ja, diese sind aber selten realistisch: Während der Geburt wird kaum gekreischt, dafür aber bei der ersten Wehe – so was gibt's gar nicht. Oft sind die Frauen erstaunt, welche Schmerzen zu welchem Zeitpunkt auftreten.

Womit sind diese Schmerzen am ehesten vergleichbar?
Schwer zu sagen ... vielleicht mit starken Bauchkrämpfen, aber das ist von Frau zu Frau unterschiedlich.

Ist im Kreißsaal Musik zu hören, zu der sich die schwangeren Frauen etwas entspannen können?
Ja, mitunter auch. Manche möchten es, manche bringen sich auch Musik mit – alles ist erlaubt. Aber die meisten sind doch sehr mit sich selbst beschäftigt und wollen ihre Ruhe haben. Es ist auch nicht so, daß im Kreißsaal tiefschürfende Gespräche stattfinden – ob da nun der Partner dabei ist oder die Mutter oder die Freundin. Denn die Kreißende hat mit sich zu tun. Für viel mehr als die Geburt selbst bleibt nicht die Kraft.

Nimmt es auch Sie als Hebamme sehr mit, wenn Sie den stundenlangen Kampf einer werdenden Mutter im Kreißsaal miterleben müssen und ihr letztlich doch nicht immer helfen können?
Manche Geburten können einen ganz schön stressen. Wenn ich zum Beispiel weiß, daß eine Geburt nicht so schön werden wird und daß sie für die Frau noch lange dauern wird – was soll ich ihr da am besten erzählen? Ich kann ja nicht sagen: Sie haben es gleich geschafft, wenn ich genau weiß, daß es noch Stunden dauern wird. Auch wenn die Geburt nicht so verläuft, wie man sich das vorstellt, ist es für uns nicht so schön – wenn etwa ein Kaiserschnitt gemacht werden muß. Wenn nun zum Beispiel der Muttermund noch nicht vollständig geöffnet ist, aber noch eine geringe Chance besteht, daß es doch noch ohne Kaiserschnitt klappen könnte, sind wir auch hin und her gerissen: Die Frauen

müssen den Schmerz aushalten, und am Ende steht dann doch der Kaiserschnitt.

Fällt die Geburt des ersten Kindes immer schwerer?
Ja, das kann man so sagen. Das erste Kind bahnt den Weg. Die Muskulatur ist noch fester. Generell kann man auch sagen, daß das zweite Kind am besten kommt. Klar, Ausnahmen bestätigen die Regel – aber die Geburt des zweiten Kindes klappt meistens ganz toll. Da sind die Frauen noch beeindruckt von der ersten Geburt und sind ganz erstaunt, wie schnell es beim zweiten Kind gehen kann. Beim dritten und vierten sieht's schon wieder anders aus. Dann ist die Muskulatur vielleicht schon wieder zu schlaff, und die Wehen kommen nicht so richtig in Schwung. Aber man kann eben leider nicht immer nur »zweite Kinder« bekommen ...

Wie kann sich die Schwangere am besten auf die Geburt vorbereiten?
Gymnastik ist bestimmt nie verkehrt, und dann kommt es auf die richtige Einstellung zur Schwangerschaft an: Wenn Sie schwanger sind, sollten Sie sich nicht für krank halten. Sie sollten im Grunde so weiterleben wie zuvor und sich nicht über alle Maßen schonen, nur weil Sie schwanger sind. Ich muß mich überhaupt nicht schonen – wenn der Körper merkt, es wird zuviel, dann kann ich immer noch zurückschrauben. Aber solange ich das alles kann, was ich früher auch gemacht habe, sollte ich ganz normal weiterleben. Wer arbeitet denn heute noch bis zum Schluß der Schwangerschaft? Sechs Wochen sind als Schwangerschaftsurlaub vor der Geburt vorgesehen, aber häufig werden es

mehr. Bei manchen Frauen ist der Muttermund am Geburtstermin noch nicht geburtsreif, weil sie sich viel zu sehr geschont haben. Eigentlich wäre zum Termin der Muttermund geburtsreif, das heißt der Gebärmutterhals ist verstrichen, und der Muttermund ist vielleicht etwas geöffnet. Also: Schwangerschaft ist keine Krankheit. Es ist eine Belastung für den Körper, aber das, was man dem Körper zumuten kann, soll man auch machen. Es gibt sehr viele junge Frauen, die in der Schwangerschaft dick werden und die zusätzlichen Pfunde nie wieder oder zumindest nur sehr schwer wieder runterkriegen – auch das kommt von übertriebener Schonung. Man soll sich ganz normal fortbewegen, auch Schwangerschaftsgymnastik schadet auf keinen Fall, Schwangerschaftsschwimmen oder überhaupt Schwimmen kann man machen – der Körper sagt schon selbst, wenn es zuviel wird. In einer normalen Schwangerschaft kann ich mich ganz normal bewegen, muß mich nicht schonen, auch nicht besonders viel essen – ich kann ganz genauso weiterleben wie vorher. Das ist auch das Beste, was man tun kann. Ich finde es übrigens erstaunlich, wie schnell die Frauen heute wissen, daß sie schwanger sind – in der vierten oder fünften Woche waren viele schon bei der Ultraschall-Untersuchung. Aber bitte: Setzen Sie sich nicht in die Ecke, sobald Sie wissen, daß Sie schwanger sind!

Kann man den genauen Geburtstermin verläßlich vorherbestimmen?
Eigentlich nicht. Man kann es vielleicht machen, wenn das Kind, vor allem das erste Kind, in Steißlage ist. Dann kann sich eine Frau in vielen Kliniken – auch bei uns – aussuchen, ob sie einen Kaiserschnitt haben möchte. In diesem Fall kann sie ent-

scheiden und sich auch einen Termin für die Geburt aussuchen, sofern es nicht schon vorher zum Blasensprung kommt oder zu Wehen. Eine Schwangerschaft dauert 40 Wochen, und das sollte man auch einhalten. Man sagt ja: Zwei Wochen früher oder später ist normal. Der errechnete Geburtstermin ist nur eine Schätzung – um diesen Termin herum kommt das Kind. Das soll nur als Anhaltspunkt dienen. Und dann sollte man unbedingt ganz genau auf die ersten Kindsbewegungen achten und auf die Senkwehen, daran kann man schon sehr viel ablesen. Aber im Mutterpaß steht nun nicht mehr die erste Kindsbewegung, auch die Senkwehen nicht – nur noch Ultraschall und andere technische Dinge. Auf seine Hände verläßt sich niemand mehr, und auf diese ganz gewöhnlichen Sachen ... Na ja, das wäre mein Tip: Achten Sie darauf.

Kann man tatsächlich an den ersten Kindsbewegungen und an Senkwehen einigermaßen verläßlich den Geburtszeitpunkt ablesen?
Ja. Daran können Sie auch ablesen, in welcher Woche Sie sind. Die Senkwehen spüren Sie meist genau einen Monat vor der Geburt.

Ist es für eine Hebamme schwieriger oder leichter, selbst Kinder zu bekommen? Hilft es Ihnen, alles zu wissen – oder ist das eher hinderlich?
Na ja, man sagt ja immer, daß medizinisches Personal die unangenehmsten Patienten sind – ob nun Ärzte oder Krankenschwestern. Und häufig ist es wirklich so, daß dann gerade in solchen Fällen etwas schiefläuft. Aber im großen und ganzen geht

bei einer Hebamme, wenn sie ihre Wehen hat, auch sehr viel von der angelernten professionellen Einstellung verloren – und letztlich entbindet sie dann weder besonders gut noch besonders schlecht. Sie weiß vielleicht viel eher als eine andere Frau: Das schaffe ich, und mein Kind kommt auch gesund zur Welt – während die anderen Frauen schon einmal ein wenig den Mut verlieren. Aber ansonsten hat sie es nicht leichter oder schwerer als alle anderen auch.

Anhang

Fragen und Antworten

In der Zeit der Schwangerschaft wird Ihr Leben in mancher Hinsicht stark verändert ablaufen. Allerdings ist es nicht nötig, sich monatelang zu verkriechen – und die Befürchtungen, die Sie vielleicht haben, sind längst nicht immer berechtigt. Hier einige häufig gestellte Fragen im Zusammenhang mit der Schwangerschaft – und die Antworten darauf.

Sind meine starken Stimmungsschwankungen Anlaß zur Sorge?

Nein. Vor allem zu Beginn der Schwangerschaft könnten Sie manchmal gedrückter Stimmung sein. Das sollte Sie nicht beunruhigen: Durch die Umstellung Ihres Hormonhaushalts als Vorbereitung auf die folgenden Monate geraten unter anderem auch Ihre Gefühle – die ja von Hormonen gesteuert werden – durcheinander. Nun brauchen Sie das Verständnis Ihres Partners. Denn Sie könnten nicht nur etwas gereizt oder deprimiert sein – auch die Lust auf Sex könnte in den ersten Wochen deutlich nachlassen. In diesem Fall ist es wichtig, daß Sie mit Ihrem Partner darüber reden.

Manche Männer sehen in einem solchen Verhalten ihrer Partnerin heimliche Ängste bestätigt, nach denen mit der Empfängnis eines Kindes das eheliche Geschlechtsleben beendet sein oder auf Sparflamme gekocht werden könnte. Das Gegenteil kann der Fall sein – wie Sie im nächsten Kapitel erfahren werden. Ihr Stimmungsbarometer schlägt während der Schwangerschaft nicht nur nach unten aus – aber auch Hochgefühle können irritierend wirken.

So kann eine häufig »Nestbau-Instinkt« genannte Phase in den letzten Wochen vor der Geburt zum Beispiel dazu führen, daß Ihre zunehmende Tatkraft und Energie in eine regelrechte Putzwut münden (*siehe Seite 31*).

Muß ich während der Schwangerschaft auf Sex verzichten?

Für fast alle Frauen gilt: Nein – sie würden wahrscheinlich einiges verpassen! Ihre Genitalien sind während der Schwangerschaft besser durchblutet – das macht sie empfindlicher. Die Gebärmutter drückt sanft gegen ihre Geschlechtsorgane – das läßt sie fast ständig leicht angeregt bleiben. Untersuchungen haben ergeben, daß viele schwangere Frauen etwa ab dem vierten Monat nach der Empfängnis eine neue, aufregende Sexualität entwickeln – wohl auch, weil sie ihren Körper nun ganz anders, weit bewußter als vor der Schwangerschaft erleben.

Dazu kommt möglicherweise eine gewisse Befreiung: Vor der Schwangerschaft fühlten Sie sich vielleicht verantwortlich dafür, auch tatsächlich wirksam zu verhüten – oder Sie wollten unbedingt ein Kind und könnten sich unter dem wachsenden Druck dieses Wunsches etwas verkrampft haben. Beides ist nun passé.

227

Allerdings sollten Sie nicht vergessen, auch dem werdenden Vater die Angst vor »schädlichem Sex« in der Schwangerschaft zu nehmen – sonst verdirbt Ihnen ein ängstlicher und verkrampfter Partner den ganzen Spaß.

Vorsicht beim Sex kann allerdings geboten sein, wenn Ihre Schwangerschaft als Risikoschwangerschaft gilt, wenn eine Frühgeburt droht, wenn Sie in den ersten drei Schwangerschaftsmonaten Blutungen hatten oder wenn Sie bereits einmal eine Fehlgeburt hatten, deren Ursache nicht festgestellt werden konnte. Dann sollten Sie bitte Ihren Frauenarzt fragen, ob Sex Ihrem Kind schaden könnte. Und: Nur keine falsche Scham – Ihnen fällt die Frage nach den sexuellen Möglichkeiten mit Sicherheit schwerer als Ihrem Frauenarzt die Antwort.

Muß ich Haustiere meiden?

Wahrscheinlich nicht. Ihr Frauenarzt wird Sie vermutlich gleich, nachdem er Ihre Schwangerschaft festgestellt hat, im Rahmen der umfassenden Erst-Untersuchung einem Toxoplasmose-Test unterziehen – sonst sollten Sie ihn auf diesen Test ansprechen. Dabei wird in Ihrem Blut nach Antikörpern gesucht, die auf eine frühere Infektion mit Toxoplasmose schließen lassen – diese durch Kontakt mit Tieren übertragene Infektionskrankheit kann Ihrem Baby vor allem in der zweiten Hälfte der Schwangerschaft Schaden zufügen.

Sehr wahrscheinlich wird der Toxoplasmose-Test bei Ihnen positiv ausfallen, denn die meisten Menschen hatten eine solche Infektion, haben sie schadlos überstanden (und in der Regel nicht einmal bemerkt) und sind nun (wie nach einer Impfung) immun gegen eine weitere Toxoplasmose-Infektion. Damit ist auch Ihr Kind immun, denn sein Organismus wird bis nach der Geburt (dann über die Muttermilch) mit Ihren Antikörpern versorgt. Das bedeutet für Sie: Hund, Katze oder Hamster können sich wie bisher ganz normal in Ihrem Umfeld aufhalten – und wie bisher sollten Sie natürlich auch weiterhin die ganz normalen hygienischen Grundregeln im Umgang mit Tieren befolgen.

Falls Ihr Immunsystem noch keine Abwehrkräfte gegen Toxoplasmose aufgebaut haben sollte, wird Ihnen Ihr Frauenarzt gerne einige Verhaltensregeln nennen, mit denen Sie eine Infektion während der Schwangerschaft vermeiden können.

Kann ich während der Schwangerschaft in Urlaub fahren?

Ja – allerdings sollten Sie einen Urlaub mit hohem Erholungswert auswählen. Streß auf Reisen, die Hetze von einer Sehenswürdigkeit zur anderen und strapaziöse klimatische Bedingungen sollten Sie meiden. Länder, in denen Krankheiten wie Malaria oder Typhus verbreitet sind, wären keine besonders gute Wahl. Auch zusätzliche Impfungen sollte das Urlaubsziel nicht erforderlich machen.

Lange Flugreisen können zu anstrengend sein – und obwohl über die Wirkung der Strahlen in den oberen Schichten der Erdatmosphäre auf Ihr Kind wenig veröffentlicht wird, würde ich persönlich von einem Fernflug abraten: Manche Wissenschaftler halten schon zwei bis drei Flugreisen innerhalb von drei Jahren für eine kritische Grenze – für Erwachsene. Viele Ärzte raten zu einem Urlaub in Mitteleuropa: Hier herrschen meist klimatische Bedingungen, an die Ihr Organismus gewöhnt ist, die ärztliche Versorgung ist sehr gut, und die Anreise fällt nicht zu lang und strapaziös aus.

Darf ich noch
schwere Gegenstände heben?

Nicht jede Packung Waschmittel, nicht jede Sechserkiste mit Plastikflaschen muß für Sie gleich von Nachteil sein – aber generell gilt: Vermeiden Sie allzu große, vor allem ruckartige Kraftanstrengungen. Lassen Sie Ihren Partner doch einfach mal ein paar Monate lang beweisen, daß er tatsächlich der Gentleman ist, für den er von Ihnen so gerne gehalten werden möchte. Wollte er ursprünglich nicht sogar Sie auf Händen tragen? Das kann er ja jetzt im übertragenen Sinn nachholen.

Werde ich vor der Geburt
in der Schamgegend rasiert?

Falls kein Kaiserschnitt notwendig wird, müssen Sie nicht rasiert werden. Noch vor einigen Jahrzehnten war es durchaus üblich, die Schamhaare zu entfernen, weil sie für Entzündungen etwa nach einem Dammschnitt verantwortlich gemacht wurden. Heute wird die Vulva zur Desinfektion in solchen Fällen mit Gaze ausgewischt oder mit einem antiseptischen Spray eingesprüht.

Wer hilft, wenn's finanziell eng wird?

Damit Sie durch die Geburt Ihres Kindes nicht in finanzielle Schwierigkeiten geraten, können Sie verschiedene staatliche Hilfen beantragen. Hier einige wichtige Beispiele:

Kindergeld

Wie alle Eltern haben natürlich auch Alleinerziehende Anspruch auf Kindergeld. Gleich nach der Geburt Ihres Kindes können Sie Kindergeld beantragen. Dazu holen Sie sich von der Familienkasse des Arbeitsamtes eine sogenannte Kindergeldbescheinigung. Sind Sie in einem Unternehmen mit 50 oder mehr Beschäftigten angestellt, übergeben Sie die Bescheinigung Ihrem Arbeitgeber, der danach die Zahlung des monatlichen Kindergelds übernimmt. Arbeiten Sie in einer kleineren Firma oder sind Sie – zum Beispiel wegen Ihres Kindes – nicht berufstätig, erhalten Sie das Kindergeld vom Arbeitsamt. Monatlich erhalten Sie 220 Mark für das erste und zweite Kind, 300 Mark für das dritte und 350 Mark für jedes weitere Kind.

Bundeserziehungsgeld

Anspruch auf Bundeserziehungsgeld haben Mütter oder Väter, die ihr Kind betreuen, deshalb maximal 19 Stunden in der Woche arbeiten können und mit ihrem Einkommen unter der Grenze liegen, die das Bundeserziehungsgeldgesetz festlegt (liegen Sie über dieser Grenze, wird die Auszahlung ab dem siebten Lebensmonat Ihres Kindes stufenweise gemindert). Das gilt zum Beispiel auch für Väter nichtehelicher Kinder – sofern sich die Mutter ausdrücklich zur Betreuung durch den Vater bereit erklärt.

Das Bundeserziehungsgeld wird – je nach Bundesland – beim Versorgungsamt, Jugendamt, Sozialamt, Bezirksamt oder bei der Landeskreditbank beantragt. Es beträgt 600 Mark je Kind und wird monatlich ausbezahlt – von der Geburt des Kindes an bis zum Alter von 24 Monaten. Allerdings müssen Sie für das zweite Lebensjahr des Kindes einen Folgeantrag stellen.

Landeserziehungsgeld

Wenn mit dem 24. Lebensmonat Ihres Kindes der Anspruch auf Bundeserziehungsgeld endet, können Sie in Baden-Württemberg, Bayern, Mecklenburg-Vorpommern, Sachsen und Thüringen Landeserziehungsgeld beantragen. Die Regelungen über Voraussetzungen, Höhe und Dauer dieser Zahlungen unterscheiden sich von Bundesland zu Bundesland – am besten informieren Sie sich in Ihrem Rathaus. Die Bedingungen für die Vergabe dieser Gelder entsprechen zum Beispiel in Baden-Württemberg den Voraussetzungen, die Sie bereits für das Bundeserziehungsgeld erfüllen mußten. Den Antrag sollten Sie hier gegen Ende des zweiten Lebensjahres Ihres Kindes stellen. Wird Ihrem Antrag entsprochen, erhalten Sie das Erziehungsgeld bis zum 36. Lebensmonat des Kindes.

Mutterschaftsgeld

Für die Zeit des Mutterschutzes – also für sechs Wochen vor und acht (bei Mehrlings- und Frühgeburten zwölf) Wochen nach der Geburt Ihres Kindes – übernimmt bei gesetzlich Versicherten die Krankenkasse die Zahlung eines Mutterschaftsgeldes. Da es allerdings einige Einschränkungen gibt und verschiedene Möglichkeiten, von wem und in welcher Kombination – zum Beispiel teilweise von der Krankenkasse, teilweise von Ihrem Arbeitgeber – Sie Ihr Geld bekommen, sollten Sie sich zu diesem Thema unbedingt umfassend beraten lassen (Adressen verschiedener Beratungsstellen finden Sie auf den Seiten 239 f.). Beantragen können Sie das Mutterschaftsgeld etwa sieben oder acht Wochen vor dem errechneten Geburtstermin Ihres Kindes – also noch vor Beginn des Mutterschutzes – bei Ihrer Krankenkasse. Dort legen Sie eine Verdienstbescheinigung Ihres Arbeitgebers (oder entsprechend eine Bescheinigung über das erhaltene Arbeitslosengeld oder Ihre Arbeitslosenhilfe) vor sowie eine Bescheinigung des errechneten Geburtstermins. Falls Sie keinen Anspruch auf Mutterschaftsgeld haben, erhalten Sie nach der Entbindung ein Entbindungsgeld von einmalig 150 Mark.

Hebammenhilfe

Während der Schwangerschaft und in den Tagen nach der Geburt kann der Rat einer Hebamme Gold wert sein. Sie kann Ihnen mit Informationen zu Vorsorgeterminen und allen Fragen, Problemen und Unsicherheiten rund um Schwangerschaft und Geburt helfen. Falls Sie keine Hebamme in der Nachbarschaft kennen, fragen Sie

Ihren Frauenarzt – oft liegen in der Praxis auch Listen mit Hebammen aus. Die Kosten für die Hebamme trägt die Krankenkasse.

Haushaltshilfe

Manchmal kann außerdem eine Haushaltshilfe nötig sein. Dazu sollten Sie möglichst schon rechtzeitig vor der Geburt bei Ihrer Krankenkasse einen Antrag auf Kostenübernahme stellen. Wird dieser Antrag bewilligt, haben Sie Anspruch auf eine Haushaltshilfe für die ersten zehn Tage nach der Geburt Ihres Kindes. Dieselbe Regelung gilt, wenn Sie als Erziehungsberechtigte krank werden – das sollten Sie dann bei Bedarf möglichst schnell beantragen. Ihre Krankenkasse wird sicher bemüht sein, Ihnen unbürokratisch zu helfen.

BAföG

Das Bundesverwaltungsamt, 50 728 Köln, ist für Mütter in Ausbildung hierfür die richtige Anlaufstelle: Falls Sie für ein Studium oder eine andere Ausbildung BAföG-Zahlungen erhalten, wird die Dauer des Mutterschutzes und die Zeit der Kindererziehung auf die Förderungsdauer angerechnet.

Sozialhilfe

Generell haben alle Bürger mit geringem oder ganz ohne Einkommen Anspruch auf Sozialhilfe. Beantragt werden muß sie im

Sozialamt, wo Sie sich auch nach weiteren finanziellen Hilfen erkundigen können, die für Sie in Frage kommen. Sozialhilfe kann dort außerdem beantragt werden, wenn Sie für die Geburt und die Betreuung Ihres Kindes Ihr Studium unterbrechen.

Wohngeld

Ebenfalls vom Sozialamt kann Ihnen unter bestimmten Umständen Wohngeld bewilligt werden. Diese Beihilfe zur Wohnungsmiete steht Ihnen zu, wenn Sie nur über ein geringes Einkommen verfügen und außerdem einige weitere Kriterien erfüllen. Die Höhe der Zahlungen hängt von der Höhe Ihres Einkommens ab, von der zu zahlenden Wohnungsmiete sowie der Anzahl der Personen, die zu Ihrem Haushalt gehören. Anträge, Formulare und Broschüren zu diesem Thema können Sie im Rathaus erhalten.

Prozeßkostenhilfe

Falls Sie einen Ihrer Ansprüche vor Gericht erstreiten müssen, sollten Sie zuvor genau prüfen, ob Sie mit Ihrer Klage auch Aussicht auf Erfolg haben – auf Ihr gutes Recht müssen Sie aber in der Regel nicht verzichten, nur weil Sie gerade knapp bei Kasse sind. Stellen Sie in diesem Fall über Ihren Rechtsanwalt bei Gericht einen Antrag auf Prozeßkostenhilfe – falls Ihr Einkommen die im entsprechenden Gesetz festgelegten Grenzen nicht überschreitet und Ihr Prozeß aussichtsreich erscheint, wird finanzielle Hilfe bewilligt.

Landesfamilienpaß und ähnliches

Fragen Sie auf dem Rathaus unbedingt nach den in Ihrem Bundesland üblichen Vergünstigungen für Familien. In Baden-Württemberg können Sie zum Beispiel mit dem sogenannten Landesfamilienpaß zahlreiche Sehenswürdigkeiten gratis besichtigen, dazu bieten auch viele Städte, Gemeinden und Landkreise ähnliche Programme an. Meist sind solche Begünstigungen für Alleinerziehende oder für Familien mit mehreren Kindern gedacht – in unserem Beispiel Baden-Württemberg gilt der Landesfamilienpaß für Eltern mit drei oder mehr Kindern.

Zusätzliche Hilfe
für Alleinerziehende

Hilfe von Beratungsstellen oder von den unterschiedlichsten Ämtern ist natürlich auch dann besonders wichtig, wenn Sie Ihr Kind allein, also ohne Partner, aufziehen wollen. Erfreulicherweise wurde in den vergangenen Jahren einiges getan, um alleinerziehenden Müttern das Leben etwas zu erleichtern. Immerhin vereinfachen Ihnen die staatlichen Hilfen die ebenso anspruchsvolle wie faszinierende Aufgabe, ein Kind umsorgt aufwachsen zu lassen.

Die Bundesstiftung »Mutter und Kind«

Alleinerziehende, die höchstens 19 Stunden pro Woche arbeiten, sollten sich wegen der Teilnahme an diesem Programm während der Schwangerschaft oder aber spätestens vor Ablauf des ersten Lebensjahres ihres Kindes an die Schwangerschaftsberatungsstellen, die Landes- oder Kreisjugendämter wenden. In den ersten beiden Jahren erhalten Sie dann ganz normal das bereits erwähnte Bundeserziehungsgeld. Allerdings bekommen Sie außerdem im dritten Lebensjahr Ihres Kindes aus dem Programm einen monatlichen Erziehungszuschlag, der von Land zu Land unterschiedlich ausfallen kann. Statt einer monatlichen Unterstützung ist aus diesem Programm in manchen Ländern auch eine einmalige Zahlung möglich. Bundesweit stehen dafür rund 180 Millionen Mark bereit, die auf die Bundesländer verteilt und dort vergeben werden. Die für

Schwangerschaftsfragen zuständigen Berater in Ihrem Landratsamt können Ihnen die genauen Kriterien für die Bewilligung der Zahlung nennen. Dort bekommen Sie normalerweise auch den Antrag, den Sie bereits während der Schwangerschaft stellen sollten.

Sozialhilfe für Alleinerziehende

Für Alleinerziehende hält das Sozialhilferecht eine Besonderheit bereit. Wenn Ihr Kind unter sechs Jahre alt ist, können Sie im Sozialamt nach den üblichen Kriterien Sozialhilfe beantragen – allerdings wird in diesem Fall nicht berücksichtigt, wie Ihre Eltern finanziell gestellt sind.

Unterhalt für Kind und Mutter

Jedes nichteheliche Kind und jedes Kind getrennt lebender Eltern hat Anspruch auf Unterhalt. Sollte der Vater des Kindes nicht bezahlen, obwohl er unterhaltspflichtig ist, kann sich der Rechtsstreit um die finanziellen Forderungen über lange Zeit hinziehen. Damit Sie als alleinerziehender Elternteil nicht in wirtschaftliche Schwierigkeiten geraten, können Sie bei der Unterhaltsvorschußkasse des Jugendamtes einen Unterhaltsvorschuß beantragen. Die Regelung gilt übrigens nicht nur, wenn der Vater des Kindes nicht bezahlen will, sondern auch, wenn er es nicht kann. Übrigens: Auch Sie als unverheiratete Mutter haben Anspruch auf Unterhalt, den der Vater des Kindes vom Beginn des Mutterschutzes bis zum dritten Geburtstag Ihres Kindes bezahlen muß.

Adressen

Ihr Arzt, Ihre Hebamme oder Ihre Krankenkasse können Ihnen Verbände nennen, die Hilfe und Information zu den unterschiedlichsten Themen anbieten. So können sich insbesondere Eltern chronisch erkrankter oder behinderter Kinder an eine ganze Reihe verschiedener Verbände wenden. Hier außerdem einige Adressen solcher Anlaufstellen:

Arbeiterwohlfahrt Bundesverband e.V.
Oppelner Straße 130
53119 Bonn
Tel.: 02 28/6 68 50

Deutsches Rotes Kreuz e.V., Generalsekretariat
Friedrich-Ebert-Allee 71
53113 Bonn
Tel.: 02 28/54 10

Diakonisches Werk der evangelischen Kirchen in Deutschland e.V.
Stafflenbergstraße 76
70184 Stuttgart
07 11/21 59-0

Deutscher Caritasverband e.V.
Karlstraße 40
79104 Freiburg
Tel.: 07 61/20 00

Bundesarbeitsgemeinschaft
Evangelischer Familienbildungsstätten
Deutenbacher Straße 1
90547 Stein bei Nürnberg
Tel.: 09 11/67 04 60

Der Paritätische Wohlfahrtsverband e.V.
Heinrich-Hoffmann-Straße 3
60 528 Frankfurt
Tel.: 069/67 06-0

Arbeitsgemeinschaft von Einrichtungen für Familienbildung e.V.
Alexanderstraße 18
42 103 Wuppertal
Tel.: 02 02/5 63 24 42

Aktion »Familien reden mit – Familien machen Zukunft«
im Bundesverband Neue Erziehung e.V.
Am Schützenhof 4
53 119 Bonn
Tel.: 02 28/66 40 55

Verband alleinerziehender Frauen
Rainweg 2
20 249 Hamburg
Tel.: 040/60 18 27

Verband alleinstehender Mütter und Väter
Beethovenallee 7
53 173 Bonn
Tel.: 02 28/35 29 95

Deutsche Liga für das Kind
in Familie und Gesellschaft e.V.
Chausseestraße 17
10 115 Berlin
Tel.: 030/28 59 99 70